JE PEUX VOUS FAIRE PERDRE DU POIDS

JE PEUX VOUS FAIRE PERDRE DU POIDS

L'approche révolutionnaire utilisée par plus de six millions de personnes

Inclut un CD d'hypnose

PAUL McKENNA

STERLING
New York

Traduction : Caroline LaRue
Révision : Monique Thouin

Narration du CD hypnotique : Michel Landry,
président de la Société québécoise d'hypnose

Enregistrement et mixage : Studio Midi Sonnant

ISBN 978-1-4549-0552-3
Distribué au Canada par Sterling Publishing
par l'intermédiaire de Messageries de Presse Benjamin
101, Henry-Bessemer, Bois-des-Filion
Québec, Canada J6Z 4S9

Pour plus d'information sur les éditions personnalisées, les ventes spéciales, les ventes et les achats aux organismes et entreprises, veuillez contacter le service commercial de Sterling Publishing au 1-800-805-5489 ou par courriel au specialsales@sterlingpublishing.com.

Fabriqué aux États-Unis

2 4 6 8 10 9 7 5 3 1

www.sterlingpublishing.com

AVERTISSEMENT

N'écoutez pas le CD en conduisant un véhicule, en opérant de la machinerie ou si vous souffrez de certains troubles neurologiques, y compris l'épilepsie. En cas de doute, consultez votre médecin.

Les informations et les conseils donnés dans ce livre sont élaborés pour vous aider à prendre des décisions éclairées au sujet de votre santé. Ce livre n'est pas conçu pour remplacer un traitement qui peut avoir été prescrit par votre médecin. Si vous pensez avoir un problème de santé, nous vous invitons à consulter votre médecin.

Table des matières

Préface

Au cours des 20 dernières années, dans le cadre de ma carrière de nutritionniste en milieu médical, j'ai vu des patients qui s'acharnaient à perdre du poids au moyen de toutes sortes de programmes d'amaigrissement, et ensuite lutter pour maintenir leur taille. Certains individus aux prises avec un excès de poids sont capables de se soumettre à des carences alimentaires chroniques et de ne consommer que 400 calories par jour durant de longues périodes. Cette capacité de privation n'a jamais cessé de m'étonner, d'autant plus que la plupart de ces personnes finissent par reprendre le poids si péniblement perdu. Qui plus est, un nombre important perpétuent ce triste cycle.

Certains patients m'ont dit qu'ils n'arrivaient pas à s'empêcher de manger. D'autres ont avoué qu'ils s'alimentaient sans trop savoir ce qu'ils ingurgitaient.

La croyance répandue selon laquelle on peut maîtriser son alimentation mène à penser que l'on doit «être raisonnable et bien se comporter», ou accepter la honte. Mais manger trop n'est pas causé par un manque de volonté. En fin de compte, notre façon de nous alimenter est contrôlée par notre cerveau.

Dans un monde où la nourriture est abondamment accessible, il faut un effort réfléchi pour manger moins. De la même manière que nous sommes incapables de résister au sommeil, nous mangeons parce que notre cerveau nous dicte de le faire. Telle est la nature de tous les organismes vivants dont le cerveau dicte le comportement.

Comment changer cela ? La réponse ne se trouve pas dans un régime. Il faut plutôt changer nos réactions à certains des signaux que nous envoie notre cerveau, modifier notre comportement alimentaire.

Ce livre renferme tous les conseils nécessaires pour accomplir ce qui semble impossible : perdre du poids et ne pas le reprendre. Aucun régime miracle n'y est proposé, mais plutôt une méthode pour maîtriser la manière de réagir lorsque la faim se fait sentir.

L'approche dont il est question est révolutionnaire et c'est la seule qui fonctionnera à long terme, sans médication. Je recommande au lecteur de garder l'esprit ouvert et de suivre les conseils d'expert qui lui sont donnés dans ces pages. Cette approche nécessite une certaine dose de travail, mais ceux qui persisteront remporteront enfin leur bataille contre l'obésité.

— Dr Ronald Ruden
Hôpital Lenox Hill, New York
Auteur du livre *The Craving Brain*

JE PEUX VOUS FAIRE PERDRE DU POIDS

Remarques importantes de Paul McKenna

Aimeriez-vous manger tout ce que vous voulez, quand vous le voulez, tout en perdant du poids ?

Je sais que ce souhait semble exagéré et il l'est en effet.

La méthode d'amaigrissement que vous êtes sur le point de découvrir est simple. Des millions de personnes l'ont adoptée déjà en Angleterre. La voici présentée en Amérique, où le besoin de perdre du poids concerne une bonne partie de la population.

La société dans laquelle nous vivons cultive l'obsession des régimes et la dépendance à l'exercice physique. Pourquoi alors des études récentes démontrent-elles que les deux tiers de la population des États-Unis souffrent d'un excès de poids ?

Un nombre croissant de médecins recueillent de plus en plus de données prouvant ce que je sais depuis des années :

Les régimes diététiques sont l'ennemi de la perte de poids !

Des études scientifiques démontrent de façon accablante que les régimes diététiques fonctionnent pour moins de 10 % des personnes qui les suivent. Et que la grande majorité des individus qui les terminent reprennent plus de poids qu'ils n'en ont perdu. Les diètes ne sont pas qu'un symptôme, mais aussi en grande partie la cause du problème.

Je me suis donné comme mission d'aider les gens à perdre du poids et à rendre le processus aussi facile que possible. Ma méthode est tellement simple que vous aurez peut-être du mal à croire, au début, à la rapidité des résultats. C'est parce que l'industrie des régimes amaigrissants vous a poussé à croire qu'il est difficile de perdre du poids, alors que ce n'est pas le cas. Si c'est difficile, c'est que vous utilisez la mauvaise façon de faire.

Vous trouverez dans ce livre toutes les étapes dont vous avez besoin pour adopter l'approche que des millions de personnes croient maintenant être la plus simple au monde pour perdre du poids.

1. Lisez ce livre. Cela vous demandera environ deux heures.
2. Suivez les instructions.
3. Écoutez quotidiennement durant deux semaines le CD de méditation hypnotique joint au livre.

4. Observez les changements qui surviendront dans vos habitudes alimentaires et la perte de poids qui en découlera.

C'est aussi simple que cela !

Récemment, j'ai rencontré une dame qui, après avoir assisté à l'un de mes séminaires, a perdu une quantité de poids considérable. Elle m'a dit qu'elle était en colère. Lorsque je lui ai demandé pourquoi, elle a répondu que d'avoir passé des années à se torturer en suivant sans succès des régimes amaigrissants lui donnait un sentiment d'échec. Elle avait englouti près de 20 000 $ dans des diètes, des programmes amaigrissants et des aliments spéciaux. Si elle avait su plus tôt à quel point il est facile de perdre du poids, elle aurait pu épargner cet argent et s'éviter un stress inutile durant toutes ces années.

Une bonne part de ce que j'affirme dans ce livre ira probablement à l'encontre de ce que vous avez fait par le passé et de ce que vous pensez être « ce qu'il faut faire ». Vous avez essayé d'autres méthodes pour perdre du poids et elles n'ont pas donné les résultats escomptés, sauf peut-être à court terme.

Le temps est venu pour vous d'utiliser une approche complètement différente.

Celle que je suis sur le point de partager avec vous a permis à des millions de personnes de perdre du poids facilement, de se sentir mieux et d'avoir une meilleure estime d'elles-mêmes. Deux recherches indépendantes consacrées à mon approche ont démontré qu'elle est sept fois plus efficace que n'importe quel programme d'amaigrissement.

C'est maintenant à votre tour de l'utiliser.

À votre santé !

— Paul McKenna
Los Angeles, 2008

Le CD hypnotique favorisant la perte de poids

Votre esprit est comme un ordinateur – il contient son propre logiciel, qui vous aide à organiser votre pensée et dicte votre comportement. Au fil des années, j'ai travaillé auprès de toutes sortes de personnes aux prises avec toutes sortes de problèmes et appris que presque tous les problèmes proviennent d'une même source : une programmation d'idées négatives qui mine l'inconscient.

Ce livre est accompagné d'un CD hypnotique qui proposera à votre inconscient une foule d'idées positives très puissantes. Alors que vous tomberez dans en état de relaxation, je reprogrammerai votre ordinateur, c'est-à-dire votre inconscient, de manière à ce que vous changiez votre rapport à la nourriture et vous ayez une meilleure estime de vous-même. Je vous ferai des suggestions pour vous aider à changer vos comportements, à manger mieux, à accélérer votre métabolisme et à vous défaire de votre fixation sur la nourriture.

Il est préférable d'écouter le CD lorsque vous disposez d'une trentaine de minutes pour vous détendre sans risque d'interruption. En l'écoutant régulièrement, vous renforcerez tous les changements que vous serez en train d'effectuer et il vous sera ainsi plus facile de respecter les règles d'or que je partage avec vous dans ce livre.

Les recherches sur l'efficacité de ma méthode et d'autres techniques semblables ont démontré que le fait d'écouter ce CD chaque jour augmente réellement la capacité de perdre du poids. Vous n'êtes pas obligé d'y croire... vous n'avez qu'à l'utiliser !

1.

Êtes-vous prêt à utiliser une approche complètement différente ?

Voici sans doute le plus petit livre sur la perte de poids que vous ayez jamais lu. Ne vous fiez pas à son épaisseur. C'est bien d'être mince, mais ce qui compte vraiment, c'est ce qu'il y a à l'intérieur.

J'ai travaillé fort pour que le contenu de mon livre soit aussi concis que possible, tant et si bien que vous pourrez probablement le lire en moins d'une journée. Mais quelle journée ce sera !

Grâce à ce petit livre, vous comprendrez ce qui vous empêche de réussir à affiner votre corps comme vous le souhaitez et apprendrez la méthode d'amaigrissement la plus simple et la plus efficace jamais conçue. Elle a aidé des gens qui avaient été obèses toute leur vie et d'autres qui voulaient simplement perdre un peu de poids pour se sentir mieux.

Que votre objectif soit de développer un mode de vie plus sain, de vous sentir mieux dans votre corps, ou de réussir à perdre ces 10 livres qui vous préoccupent, mon approche est celle que vous cherchez !

Je vous dévoilerai la vérité à propos de l'exercice et je vous apprendrai aussi des méthodes simples et efficaces pour stimuler fortement votre métabolisme, pour maîtriser vos envies irrépressibles de manger ou de grignoter et pour vous libérer des problèmes émotionnels que vous tentez de faire taire avec de la nourriture. Enfin, je vous enseignerai quelques-unes de mes techniques d'hypnose préférées ; vous aurez la possibilité de les utiliser pour vous sentir mieux dans le présent et à l'avenir. Vous pourrez écouter le CD chaque fois que vous souhaiterez renforcer les principes nouvellement enregistrés par votre inconscient.

Suivez mes instructions étape par étape et observez les changements positifs s'opérer dans votre corps et dans votre vie.

Apprendre les secrets des gens naturellement minces

Tout au long du livre, je partagerai avec vous les secrets que j'ai recueillis auprès de gens naturellement minces. Je ne parle pas ici de mannequins aussi menues que des brindilles dont le physique ultramince est la conséquence de troubles alimentaires, de toxicomanie ou de photographies savamment retouchées dans les magazines. Il est plutôt question de ces personnes que l'on croise dans la vie de tous les jours et qui semblent capables de rester sveltes tout en mangeant ce qu'elles veulent.

En adoptant les habitudes alimentaires des gens naturellement minces, vous serez en mesure de perdre du poids tout en mangeant ce que vous voulez, quand vous le voulez. Soyons clairs : vous pouvez manger ce que vous voulez, ou vous pouvez avoir de bonnes raisons de ne pas manger tout ce que vous voulez. Alors, si ***absolument n'importe qui peut perdre du poids au moyen de cette approche***, la seule autre question qu'il faut se poser est :

Pourquoi n'avez-vous pas encore réussi à devenir mince ?

J'ai observé trois principaux comportements qui empêchent les gens de maintenir leur poids idéal.

En lisant la description de ces comportements, notez ceux qui s'appliquent à vous. Ensuite, lorsque nous commencerons à reprogrammer votre inconscient (au chapitre trois), vous serez en mesure de cibler les outils qui vous conviennent le mieux. Vous pourrez les mettre en pratique et commencer immédiatement à perdre du poids...

Comportement 1 : Suivre des régimes de manière obsessive

À la librairie près de chez moi, en feuilletant certaines des dernières parutions dans la section des ouvrages consacrés à la perte de poids, j'ai été stupéfait de constater que presque tous contenaient des listes d'« aliments interdits », des menus et des guides d'apport calorique et qu'ils commençaient pourtant tous par la phrase suivante : « Ceci n'est pas un régime diététique ».

Mettons tout de suite une chose au clair :

Un régime diététique se définit par tout programme alimentaire qui vise à exercer un contrôle sur ce que vous mangez, où vous le mangez, à quel moment ou en quelle quantité.

Les diètes se sont forgé une mauvaise réputation et il y a une bonne raison à cela : les études scientifiques démontrent que plus de 90 % des personnes qui tentent de perdre du poids en suivant des régimes n'y parviennent pas.

Chaque fois que des gens viennent me voir pour me parler du poids qu'ils ont perdu en suivant une nouvelle diète formidable, je leur demande de revenir m'en parler dans six mois. S'ils sont alors toujours satisfaits de cette diète et de leur poids, je serai ouvert à en entendre parler. Malheureusement, aucune de ces personnes n'est encore revenue me voir à ce sujet.

Trop de diètes donnent trop peu de résultats. Sachant qu'il existe plus de 25 000 livres proposant des régimes amaigrissants et que la plupart contiennent des renseignements contradictoires, il n'est pas étonnant que vous vous sentiez confus et dérouté dans le dédale de l'industrie multimilliardaire de la course à la minceur.

Ce n'est pas seulement que les diètes ne fonctionnent pas, c'est aussi que la plupart sont des arnaques. Lorsque je vois des célébrités appuyer la dernière tendance en matière de diètes, je me demande comment elles peuvent se prétendre sérieuses. Dans la plupart des cas, ces vedettes ont essayé une diète, perdu du poids, puis l'ont repris quelques mois plus tard. Ensuite, elles ont tout simplement essayé une autre diète, reperdu du poids, et ont fait la promotion de ce nouveau régime à la mode durant un certain temps, jusqu'à ce qu'elles recommencent à engraisser.

Donc, au cas où vous n'auriez pas encore compris le message, le voici :

Oubliez les régimes diététiques. N'en suivez plus jamais. Les régimes représentent essentiellement des cours de formation pour apprendre comment grossir et entretenir un sentiment d'échec.

Plus vous essaierez de régimes et échouerez, plus vous serez convaincu de ne jamais pouvoir réussir à perdre du poids. Ce que personne ne vous dira, c'est que la véritable raison pour laquelle la plupart des programmes amaigrissants ne fonctionnent pas n'a rien à voir avec vous ; c'est plutôt une question de biologie humaine.

Dans son étude précurseure sur la sous-alimentation durant la Deuxième Guerre mondiale, le chercheur en biologie Ancel Keyes a découvert qu'en réduisant la diète d'une personne jusqu'à un état de demi-jeûne qui entretenait la faim, on voyait naître chez ce sujet des symptômes d'irritabilité, une perte d'endurance et un comportement obsessif à l'égard de la nourriture incluant, sans s'y limiter, le mensonge, l'accumulation de réserves et le vol.

Un fait encore plus étonnant que la recherche de Keyes a révélé, c'est que durant les trois mois suivants la fin de la période de demi-jeûne, les sujets étudiés étaient toujours aussi obsédés par la nourriture. Plusieurs mangeaient jusqu'à huit fois la quantité de nourriture qu'ils avaient l'habitude de consommer avant le début de l'étude.

Cette expérience, documentée dans le traité *The Biology of Human Starvation*, publié dans les années 1950, est considérée comme impossible à reproduire. Affamer volontairement des gens serait cruel et inhumain. Mais un fait est particulièrement intéressant à souligner : les rations allouées durant cette étude s'élevaient à environ 1 500 calories par jour, ce qui dépasse le nombre de calories permis dans n'importe lequel des milliers de régimes diététiques aujourd'hui à la mode.

Ce que tout ceci démontre est que se priver de nourriture est le pire moyen de perdre du poids.

Comportement 2 : Manger pour combler des besoins affectifs

Je suis convaincu qu'après les diètes le fait de manger pour combler des besoins affectifs est la première cause d'obésité dans le monde. Très souvent, les gens mangent parce qu'ils s'ennuient, se sentent seuls, misérables, fatigués, ou pour une foule d'autres raisons d'ordre émotif dont aucune n'est liée à la faim que l'on ressent physiquement. Si vous mangez pour apaiser un malaise affectif, votre corps ne sera jamais satisfait par la nourriture. Beaucoup de personnes ne se sentent jamais rassasiées ; elles ne perçoivent pas le signal de leur corps les avisant qu'elles ont assez mangé, parce que, au départ, leur faim n'était pas d'ordre physique.

Peut-être avez-vous pris du poids à la suite d'un événement traumatisant ou d'une période difficile dans votre vie parce que vous mangiez pour vous réconforter durant et après l'épreuve. Peut-être que, même si cette période stressante est passée, vous avez gardé la mauvaise habitude de manger quand vous vivez de la contrariété, de la solitude ou de l'ennui. Cette habitude malsaine s'installe à demeure quand on ne comprend pas les raisons fondamentales pour lesquelles on éprouve les sentiments et les émotions qui nous habitent.

Une émotion, c'est un peu comme une personne qui frapperait à votre porte pour vous livrer un message. Si ce message est urgent, elle frappe fort. S'il est très urgent, elle frappe de plus en plus bruyamment, jusqu'à ce que vous ouvriez la porte ou qu'elle la défonce. Dans un cas comme dans l'autre, l'émotion continuera à frapper jusqu'à ce qu'elle ait terminé de vous transmettre son message. Dès que vous ouvrirez la porte à son signal et prendrez des mesures appropriées pour combler votre besoin émotif, il disparaîtra.

Dans le chapitre sur le comportement qui pousse les gens à manger pour combler leurs besoins affectifs, je vous enseignerai un certain nombre de techniques très efficaces pour changer cette habitude néfaste. Je m'empresse toutefois ici de partager avec vous un conseil tout simple qu'un de mes collègues prodigue à ses clients et qui connaît énormément de succès. Il leur suggère d'apposer un point d'interrogation géant sur la porte de leur réfrigérateur. Le point d'interrogation sert à les faire réfléchir lorsqu'ils sont sur le point d'ouvrir la porte du frigo pour prendre une collation et à se poser la question suivante :

Ai-je réellement faim,
ou est-ce que je cherche plutôt à changer
la façon dont je me sens ?

S'il s'avère que vous cherchez à combler un besoin affectif en mangeant, aucune quantité d'aliments n'arrivera à vous satisfaire autant que les techniques toutes simples qui vous sont présentées dans ce livre et dans le CD hypnotique qui y est joint.

Remarque aditionnelle

Je suis constamment surpris du nombre de femmes (et d'hommes, à l'occasion) qui me consultent et qui réalisent que leur prise de poids initiale coïncidait avec un incident traumatisant, qu'il s'agisse d'une agression sexuelle ou de taquineries leur ayant causé de l'embarras devant leurs camarades.

Les techniques proposées dans le présent livre et dans le CD hypnotique sont très utiles. Toutefois, elles ne sont pas conçues dans le but de se substituer à une aide psychologique professionnelle. Si vous pensez en avoir besoin, demandez à votre médecin de vous recommander un thérapeute qualifié.

Comportement 3 : Un mauvais conditionnement

Si vous souffrez d'un excès de poids, ce n'est pas de votre faute, mais le résultat de votre conditionnement mental et aucune diète, pilule ou boisson ni aucun livre ne peuvent changer cela. La seule manière de réussir à perdre un excès de poids et à maintenir un poids santé est de conditionner favorablement votre inconscient de manière à changer votre rapport à la nourriture une fois pour toutes.

Détendez-vous. Vous n'êtes pas une mauvaise personne. Vous avez seulement développé des habitudes très contre-productives. De nouvelles façons de penser et d'agir vous assureront le succès auquel vous aspirez.

Vous n'avez même pas à croire que cette approche fonctionnera pour vous. Vous n'avez qu'à suivre mes instructions ; non seulement vous perdrez du poids, mais vous allez aussi cesser à tout jamais d'être obsédé par la nourriture.

Je suis sur le point de vous dévoiler les quatre notions les plus importantes que vous apprendrez sur la perte de poids et sur la manière de maintenir en permanence son poids idéal. Mais avant, j'aimerais que vous preniez quelques minutes pour faire l'exercice suivant :

Le pouvoir de mettre les choses en perspective

Projetez-vous dans un avenir lointain. Imaginez que vous êtes vers la fin de votre vie et que vous n'avez jamais suivi mon approche ni maigri. Vous avez plutôt passé toutes ces années à faire un régime après l'autre et donc continué à prendre du poids et à perdre chaque jour un peu plus de votre précieuse vitalité.

- Quelles ont été les conséquences sur votre santé de votre décision de ne pas adopter mon approche ?
- Quelles en ont été les conséquences sur vos relations amoureuses et interpersonnelles ?
- Quelles en ont été les conséquences sur votre bien-être et votre estime de vous-même ?
- Comment vous sentez-vous dans votre corps ?

Maintenant, prenez quelques instants pour vous imaginer adopter mon approche, atteindre facilement votre poids idéal et le maintenir.

- Comment vous sentez-vous à cette idée ?
- De combien d'énergie disposez-vous ?
- Qu'êtes-vous capable de faire ?
- Quels vêtements êtes-vous capable de porter ?
- Avec qui êtes-vous ? Que faites-vous ?
- Comment sera votre vie, comment vous sentirez-vous lorsque vous aurez maintenu votre poids idéal durant des années ?

Maintenant, *arrêtez-vous !*

C'est le moment de prendre une décision. Si vous voulez vous accrocher à vos excuses et à votre excès de poids, refermez ce livre dès maintenant.

Mais si vous êtes déterminé à vous débarrasser de ce fardeau que vous portez sur vos épaules (et autour de votre taille), sachez que ce que vous ferez désormais dépend entièrement de votre volonté.

FOIRE AUX QUESTIONS À PROPOS DE

« Êtes-vous prêt à utiliser une approche complètement différente ? »

Q. J'ai essayé plein de méthodes différentes pour perdre du poids et aucune n'a donné les résultats que je souhaitais. En quoi votre approche est-elle différente ?

Dans une recherche fascinante menée à l'Université d'Hertfordshire, le professeur Ben Fletcher a obtenu des résultats spectaculaires en apprenant aux gens à réagir au tiraillement de leur estomac en sortant de chez eux et en s'occupant à une tâche ou à une activité productive, comme faire une marche, bavarder avec un ami ou aller au cinéma. Leurs habitudes alimentaires ont commencé à changer. Ces personnes se sont mises naturellement à faire des choix plus sains en matière de nourriture et d'exercice physique.

La raison pour laquelle vos efforts n'ont pas porté des fruits jusqu'à maintenant est que vous avez toujours répété le même scénario. Vous vous êtes privé de nourriture en vous mettant à la diète. La seule chose que vous avez réellement changée, c'est le type de recettes que vous utilisez. Saviez-vous que la folie, c'est le fait de répéter la même chose en pensant obtenir un résultat différent ?

Q. Si j'ai un excès de poids très important, puis-je utiliser cette méthode, ou dois-je d'abord me mettre à la diète ?

L'approche présentée dans ce livre va directement à l'encontre de n'importe quelle diète que vous voudriez suivre, parce que ce sont justement les diètes et la mentalité qui y est liée qui ont causé votre excès de poids et vous ont maintenu dans cet état !

Je vais le répéter une fois de plus :

Tout programme ou toute personne qui tente de vous dicter quoi, où, quand manger et en quelle quantité tente en réalité de vous apprendre à ignorer votre corps. Et si vous avez un excès de poids, votre corps essaie de vous dire qu'il n'aime pas être ignoré !

Votre poids actuel n'est pas un obstacle. Si vous avez eu un excès de poids toute votre vie, même si toute votre famille souffre d'embonpoint, vous constaterez qu'en adoptant cette approche vous perdrez du poids et aurez une meilleure estime de vous-même.

Q. Comment cette méthode fonctionne-t-elle ? Je veux avoir la même apparence que les mannequins qu'on voit dans les magazines...

Les mannequins aussi aimeraient bien avoir l'allure qu'on leur prête dans les magazines ! Le saviez-vous ? La plupart des photos que vous voyez dans les revues ont été modifiées au moyen de procédés numériques. Elles ne reflètent pas la réalité. Au lieu de vous comparer à quelque chose qui n'existe pas, comparez-vous donc à vous-même ; ce sera bien mieux. Beaucoup trop de femmes se mesurent à l'image retouchée d'une adolescente anorexique proposée sur la couverture d'un magazine et elles se mettent à croire qu'elles ne sont pas à la hauteur des normes de la société. Vous avez de meilleures chances d'avoir une bonne estime de vous-même si vous vous posez plutôt la question suivante :

Quels progrès ai-je faits par rapport à mes objectifs ?

J'ai habité New York un bon nombre d'années et j'ai eu l'occasion d'y rencontrer plusieurs des mannequins les plus célèbres du monde. Malgré la beauté remarquable de la plupart de ces personnes, ce qui m'a le plus frappé a été de constater qu'elles semblaient plutôt malheureuses. Cela s'explique, je présume, par le fait qu'elles ont toujours faim et passent le plus clair de leur temps à examiner leurs défauts, sans apprécier la perfection de leur individualité.

Comme le grand philosophe Goethe l'a dit : « L'important, ce n'est pas le lieu où l'on est, c'est la direction que l'on prend ». Au cours de leur existence, les êtres humains sont soit en train de s'améliorer, soit en train de se dégrader. Si vous améliorez votre état ou votre sort, tant mieux. Si vous êtes en train de laisser votre état se dégrader, alors vous savez quelle direction vous devriez emprunter.

L'histoire de Kate

Kate Howlett

Nombre de livres perdues : 77

Avant **Après**

Avant de commencer à utiliser l'approche de Paul McKenna, j'avais essayé à peu près toutes les diètes qui existent: la diète pauvre en gras, le régime de restriction calorique, j'ai même essayé de ne pas manger après 17 h le soir. J'avais finalement abandonné l'idée de maigrir. J'étais grosse. L'embonpoint était chose courante dans ma famille. Que pouvais-je faire contre la génétique? Puis, une collègue m'a dit qu'elle avait adopté la méthode de Paul McKenna et qu'elle se sentait bien. J'ai donc pensé en faire l'essai.

Aussitôt après m'y être initiée, j'ai été étonnée de la facilité avec laquelle je perdais du poids. J'ai constaté que ce n'était pas un régime, mais une manière différente d'aborder l'alimentation. Depuis, je déguste la nourriture au lieu de passer mon temps à y penser pour ensuite l'engloutir sans réfléchir. Le seul problème qui continue à me poser un défi concerne les portions trop généreuses qui nous sont servies au restaurant. Je dois toujours expliquer que je trouve mon plat délicieux, mais trop copieux.

J'écoute encore le CD d'hypnose. On y affirme que j'aurai plus d'énergie lorsque je m'éveillerai et c'est vrai. J'ai du plaisir à marcher pour mener mon fils à l'école; avant, je prenais la voiture. Et j'adore courir les magasins pour m'acheter des vêtements, ce que je redoutais.

Depuis que j'ai adopté l'approche de Paul McKenna, j'ai une attitude beaucoup plus positive face à la vie. C'est ce qui compte le plus. D'une certaine manière, le fait d'avoir minci n'est qu'un cadeau en prime!

Kate a perdu 77 livres en 12 mois. En général, les personnes qui utilisent cette méthode perdent en moyenne 1 ou 2 livres par semaine.

2.

La méthode d'amaigrissement la plus simple au monde

Les secrets des gens naturellement minces

Les gens me demandent parfois comment m'est venue l'idée de cette méthode. Ai-je déjà souffert d'un excès de poids ? Ai-je étudié la physiologie à l'université ? Ai-je simplement inventé cette approche de toutes pièces ?

Pour tout dire, j'ai mis plus de 15 ans à concevoir et à affiner ma méthode. Au fil de ces années, j'ai comparé la structure mentale et la manière d'agir des gens qui ont un excès de poids avec celles des gens naturellement minces.

J'ai ainsi découvert que personne n'est mince naturellement. Que les personnes sveltes ont simplement eu la chance de ne pas se laisser « laver le cerveau » par l'industrie de la perte de poids. Elles ne sont pas tombées dans le cycle infernal des diètes, qui encouragent les gens à prendre des risques pour leur santé et à suivre aveuglément les diktats de chercheurs souvent financés par cette même industrie.

Notre corps connaît mieux nos besoins que n'importe quel régime amaigrissant. Mais compte tenu de la quantité de renseignements qui nous parviennent et qui nous font croire que les « mauvais » aliments nuiront à notre santé ou nous feront grossir, il peut être difficile de voir, d'entendre ou de sentir les signaux que notre corps nous envoie.

Le secret pour être mince réside dans l'adoption de quatre saines habitudes alimentaires : quatre règles d'or pour décider quand manger, quoi manger, comment le manger et en quelle quantité. Ces quatre lignes directrices toutes simples vous aideront à faire les meilleurs choix possibles en tout temps, peu importe la situation.

RÈGLE D'OR NUMÉRO 1

Quand vous avez faim, MANGEZ !

Voici comment vous priver de nourriture vous fait prendre du poids

Vous êtes-vous déjà demandé ce que contiennent les bosses du chameau ? De la graisse. Les chameaux y emmagasinent des réserves de graisse parce que, étant donné leur milieu de vie, ils ignorent pendant combien de temps ils seront privés de nourriture. Lorsque vous vous privez de manger alors que vous avez faim, votre corps fait la même chose que les chameaux. D'ailleurs, si vous essayez de perdre du poids depuis un moment, votre corps est sans doute conditionné à continuellement stocker du gras. Lorsque vous le privez de nourriture, il se met en mode survie parce qu'il croit qu'il y a une famine. Alors, il accumule des réserves de graisse dans vos cellules, « au cas où ». Avec le temps, il se met à en extraire encore plus de n'importe quels aliments que vous ingurgitez. Ce gras s'installe généralement sur le ventre, chez les hommes, et sur les cuisses, chez les femmes.

C'est en partie pour cette raison que les gens minces sont capables de manger beaucoup sans prendre de poids : ils ne se privent pas de nourriture, donc leur corps fait un usage normal du gras qu'ils ingèrent et l'élimine facilement.

Ne pas tenir compte des besoins naturels du corps de façon régulière finit par altérer son métabolisme. Un métabolisme rapide brûle plus de calories au cours d'une journée. Mais lorsque vous vous empêchez de manger alors que vous avez faim, votre métabolisme ralentit pour que votre corps conserve son énergie. Cela provoque une sensation de léthargie que beaucoup décrivent comme une dépression légère.

Ne pas manger lorsque vous ressentez la faim dérègle aussi le fonctionnement logique de votre pensée en matière d'alimentation. Cette tension subtile face à la nourriture provoque un puissant changement neurochimique dans le cerveau qui brouille les signaux de la faim et déclenche des habitudes malsaines qui vont de la privation à l'excès. Ce cercle vicieux tourne sans arrêt : moins vous écoutez votre corps, moins les messages qu'il tente de vous envoyer deviennent fiables.

Voici cependant une très bonne nouvelle :

Tout ce que vous avez à faire pour rétablir le bon fonctionnement de votre sagesse innée est de manger dès que vous ressentez la faim.

La véritable faim est différente de la faim liée aux émotions (nous en parlerons au chapitre quatre). Si vous avez lu la première règle d'or et vous êtes dit : « J'ai toujours faim » ou « Je n'ai jamais faim », il y a de fortes chances que la faim que vous connaissez soit davantage d'ordre affectif que physique. Heureusement, dès que vous commencerez à écouter votre corps, vous pourrez enfin reconnaître les signes subtils, et parfois moins subtils, de la faim authentique.

L'échelle de la faim

Je veux maintenant vous présenter un outil formidable que vous pourrez utiliser pour savoir exactement à quel moment vous devriez commencer à manger et quand vous devriez arrêter. J'appelle cet outil « l'échelle de la faim », graduée de 1 à 10, le 1 représentant une faim si grande qu'on s'évanouit et le 10 représentant la sensation d'avoir tellement mangé qu'on en a la nausée.

Prenez quelques instants pour réfléchir à cette échelle et vous mettre à l'écoute de votre corps. À quel niveau de l'échelle se situe présentement votre faim ?

L'échelle de la faim

1. ***Sentiment d'être sur le point de s'évanouir***
2. ***Faim de loup; sentiment d'être prêt à tout dévorer***
3. Bonne faim
4. Faim légère
5. Neutre
6. Sentiment agréable de satiété
7. Estomac rempli
8. Estomac rempli à craquer
9. Estomac gonflé
10. Nausée, envie de vomir

Chaque personne est différente, mais, en règle générale, vous devriez manger lorsque vous sentez que votre faim se situe à 3 ou 4 sur l'échelle, c'est-à-dire quand vous avez une bonne faim, mais pas encore une faim de loup. Si vous attendez d'être affamé (au niveau 1 ou 2 de l'échelle), votre corps cherchera alors à compenser la carence infligée. Vous vous retrouverez donc à manger plus qu'il ne le faut et à emmagasiner ainsi de la graisse en excès.

Vous avez peut-être tellement l'habitude de ne pas tenir compte des signaux de votre corps qu'il vous arrive d'« oublier de manger » jusqu'à ce que vous soyez littéralement affamé. Si vous vous reconnaissez dans ce scénario, exercez-vous à prendre un bref moment, chaque heure, pour vérifier comment vous vous sentez et mesurez votre faim, sur l'échelle de 1 à 10.

Plus vous vous exercerez à discerner l'intensité réelle de votre faim, plus vite vous serez capable de détecter les signes subtils que votre corps vous envoie bien avant que votre estomac se mette à crier famine et que votre cerveau ramollisse.

RÈGLE D'OR NUMÉRO 2

MANGEZ CE QUE VOUS VOULEZ et non ce que vous pensez devoir manger

Il est futile de résister

Dans les années 1930, des scientifiques ont mené une expérience auprès de jeunes enfants. Durant 30 jours, ils ont mis un éventail d'aliments à leur portée de manière à leur permettre de décider ce qu'ils voulaient manger et quand, selon leurs envies. Vingt-quatre heures par jour, sept jours par semaine, chaque enfant pouvait choisir entre des épinards, de la crème glacée et toute la variété d'aliments qui peut se trouver entre ces deux extrêmes.

Le résultat fut fort intéressant.

Tous les enfants ont choisi des aliments différents à des moments différents, mais chacun d'entre eux a, dans l'ensemble du mois, composé un régime équilibré.

De façon similaire, beaucoup de femmes ont envie de manger des choses inhabituelles au cours de leur grossesse. La raison pour laquelle une femme enceinte a des rages de crème glacée ou de cornichons est que son corps lui indique exactement ce dont il a besoin d'une étape à l'autre de la « fabrication d'un bébé ».

Mais aussitôt que vous vous empêchez de manger certains aliments (généralement parce qu'on vous a dit qu'ils étaient mauvais pour vous), vous contrariez votre rapport naturellement équilibré à ces aliments. Au lieu d'avoir moins envie d'un aliment prétendument interdit, vous en rêvez davantage. Il s'ensuit une lutte entre vos bonnes intentions et votre résistance à la tentation. Vous refusez de vous laisser dominer par l'envie de gâteries (donc par vous-même), mais cela peut devenir épuisant. Lorsque vous ferez enfin la paix avec la nourriture et vous fierez à la sagesse de votre corps, les tensions et la culpabilité que vous éprouviez en n'écoutant pas votre intuition disparaîtront et vous vous sentirez libéré.

Voilà pourquoi mon approche ne dresse aucune liste d'aliments interdits. Vous pouvez manger ce que vous voulez dès que vous avez faim, à condition que vous preniez le temps de le savourer pleinement.

Mon approche va encore plus loin.

Dans le passé, vous avez peut-être suivi un ou plusieurs régimes qui vous conseillaient de vider votre garde-manger de tout ce qui pouvait être riche en gras, en sucre, en hydrates de carbone…

Mon approche est radicalement différente.

Dès que vous aurez terminé la lecture de ce livre, j'aimerais que vous ouvriez votre réfrigérateur et que vous vous débarrassiez de tout aliment que vous n'avez pas vraiment envie de manger. Videz dans l'évier la bouteille de boisson gazeuse diète. Jetez les yaourts faibles en gras et les glaces sans sucre, à moins que vous en raffoliez. Vous saurez que votre ménage de frigo et de garde-manger sera terminé lorsqu'ils ne contiendront plus une seule chose que vous ne seriez pas ravi de manger.

Vous avez envie de manger des pâtes ?

Allez-y.

Un morceau de gâteau servi avec de la crème glacée vous ferait plaisir ?

Pourvu que vous ayez vraiment faim, allez-y et savourez, savourez, savourez.

À compter d'aujourd'hui, aucun aliment ne vous est interdit. Plus jamais.

Et si vous voulez vraiment dire non à quelque chose qu'on vous propose, dites-le… aux fournisseurs de tout ce qui est sans sucre, faible en glucides, et qui goûte le carton !

RÈGLE D'OR NUMÉRO 3

Mangez en toute CONSCIENCE et savourez chaque bouchée

Manger en toute conscience

J'ai remarqué une chose curieuse chez les gens qui ont un problème de surpoids : ils passent une grande partie de leur temps à penser à la nourriture, sauf lorsqu'ils sont en train de manger. À ce moment-là, on dirait qu'ils entrent dans une sorte de transe pendant laquelle ils s'empiffrent sans prendre le temps de déguster quoi que ce soit.

Aussi étrange que cela puisse paraître, il y a une très bonne raison qui explique ce phénomène navrant. Lorsque nous faisons un geste essentiel pour notre survie, comme manger, respirer ou faire l'amour, les cellules de notre cerveau libèrent la sérotonine, une substance chimique qu'on appelle aussi « l'hormone du bonheur ».

Si les gens qui ont un excès de poids ont souvent tendance à engloutir la nourriture aussi vite que possible, c'est parce qu'ils cherchent à obtenir une poussée de sérotonine. Malheureusement, comme ils ne sont pas à l'écoute des signaux qu'envoie leur estomac pour leur indiquer qu'ils ont assez mangé, ils continuent à se gaver, ce qui a pour conséquence d'élargir leur estomac et de leur faire prendre du poids.

Malgré l'euphorie passagère que leur procure la nourriture engloutie, ces individus se sentent ensuite gros et coupables. D'ailleurs, ils se sentent si mal qu'ils recommencent vite à s'empiffrer afin d'endormir les sentiments négatifs qu'ils ont eux-mêmes créés !

L'un des aspects de mon approche est celui-ci :

Vous pouvez manger ce que vous voulez, quand vous le voulez, pourvu que vous savouriez pleinement chaque bouchée.

J'insiste sur cette caractéristique. Il est important de vraiment savourer, de prendre le temps d'apprécier les saveurs, les textures et les sensations formidables qui se dégagent de chaque bouchée. Bien sûr, pour se délecter pleinement et jouir d'un aliment, il faut d'abord être conscient que l'on est en train de le manger.

Je me souviens d'avoir croisé une amie qui venait de perdre beaucoup de poids. Lorsque je lui ai demandé comment elle avait réussi à perdre ce poids, elle m'a répondu qu'elle arrivait d'Extrême-Orient, où elle avait fait une cure d'amaigrissement dans un établissement de santé, au coût de 2000 $ par jour. Je lui ai demandé quel était le principe de base du régime proposé là-bas ; elle m'a répondu en disant qu'en Occident nous mangeons beaucoup trop vite.

Durant sa cure, on lui avait appris à manger plus lentement et dans un état de conscience, c'est-à-dire en prenant le temps de sentir, de goûter et de mâcher ses aliments. Chaque repas était comme un moment de méditation. Et, afin de l'aider à se rappeler de manger de cette façon, le personnel de l'endroit avait désigné une personne pour s'asseoir devant elle à chaque repas et lui faire penser de ralentir et de déguster chaque bouchée.

Pour vous aider à mettre ce principe en pratique à votre tour et à adopter cette bonne habitude, voici un conseil tout simple que vous pouvez suivre pour vous assurer d'apprécier lentement chaque bouchée :

Durant les deux prochaines semaines, réduisez d'environ un quart le rythme auquel vous avez l'habitude de manger et mastiquez bien chaque bouchée.

Il est très important de déposer votre couteau et votre fourchette entre chaque bouchée, de manière à laisser à votre corps assez de temps pour réagir à ce qui se passe. Évidemment, si vous mangez un sandwich ou un autre mets ne nécessitant pas l'utilisation d'ustensiles, déposez-le pendant que vous mastiquez chaque bouchée, en prenant soin de poser vos mains sur la table. Lorsque votre bouche est vide, vous pouvez reprendre vos ustensiles ou votre sandwich et entamer la prochaine bouchée.

En dégustant les aliments comme un fin gourmet et en en appréciant la saveur, vous faites de chaque bouchée un choix conscient au lieu de l'engloutir sans réfléchir, comme un animal.

L'importance d'enrayer les distractions

Pour manger dans un état de conscience, il ne suffit pas de ralentir le rythme auquel on porte les aliments à sa bouche. Il faut aussi se concentrer sur ce que l'on mastique, sans se laisser distraire par quoi que ce soit d'autre, du moins jusqu'à ce que l'on ait intégré ce principe dans ses habitudes. Une étude récemment menée en Suisse auprès d'un groupe de participants a démontré que lorsque ceux-ci avaient les yeux bandés, ils mangeaient 25 % moins que lorsqu'ils pouvaient voir ce qu'il y avait dans leur assiette. Autrement dit, lorsque les participants ne regardaient pas ce qu'ils mangeaient et étaient entièrement concentrés sur la saveur et la texture des aliments, ils mangeaient moins.

Ceci correspond tout à fait à ce que j'ai constaté durant mes séminaires sur la perte de poids. Après le repas du midi, les gens mentionnaient souvent qu'ils avaient trouvé la nourriture succulente. Pour la première fois depuis très longtemps, ils avaient pris le temps de savourer chaque bouchée en toute conscience et de percevoir le moment où ils étaient rassasiés.

Par ailleurs, le professeur Brian Wansink, auteur du formidable livre intitulé *Mindless Eating*, a quant à lui réalisé des expériences extraordinaires qui ont donné des résultats très concluants. En effet, il a su démontrer que lorsque notre attention est détournée sur autre chose que notre repas, nous omettons de prendre conscience de ce que nous ingurgitons et nous mangeons beaucoup plus que lorsque nous sommes attentifs.

Vous pouvez sans doute vous souvenir d'avoir mangé du maïs soufflé, des noix ou des croustilles en regardant un film ou un match de football. Au moment de la pause ou lorsque vous êtes « revenu à vous-même », le contenu du bol, du sachet ou de la boîte avait disparu, peu importe la faim que vous aviez au départ.

Il suffit d'arrêter de manger en regardant la télévision, en parlant au téléphone ou en lisant, comme font malheureusement 91 % des gens, pour commencer à se débarrasser de ses vieilles habitudes inconscientes. Si vous éliminez le plus de sources de distractions possible lorsque vous mangez, vous trouverez beaucoup plus facile d'apprécier pleinement votre nourriture puis de mettre en application la quatrième règle d'or... que je m'apprête à vous énoncer.

RÈGLE D'OR NUMÉRO 4

Lorsque vous pensez être rassasié, CESSEZ de manger

Votre thermostat intérieur

Lorsque j'étais enfant, je me servais de la bouilloire de ma mère pour décacheter les enveloppes avec de la vapeur. Pour m'assurer que la vapeur continue à monter, je devais tenir l'interrupteur dans la position d'allumage pendant un long moment après que l'eau s'était mise à bouillir. Les bouilloires ne sont évidemment pas conçues pour être utilisées de cette manière. En conséquence, le thermostat de métal qui se trouvait à l'intérieur pliait et cessait rapidement de fonctionner.

Heureusement, ce bris était facile à réparer. Tout ce que j'avais à faire était de plonger ma main à l'intérieur et de remettre le thermostat dans sa position initiale. La bouilloire se remettait aussitôt à fonctionner.

Un peu comme la bouilloire, notre corps est conçu pour manger quand nous en avons besoin, et pour arrêter de le faire quand nous sommes rassasiés. Toutefois, bon nombre d'entre nous avons appris à manger jusqu'à ce que nous pensions être rassasiés ou, pire encore, jusqu'à nous ayons vidé notre assiette.

Si vous voulez perdre du poids sans effort et sans risquer de le reprendre, vous devez commencer à collaborer avec votre corps et cesser de lui nuire. Pour devenir svelte et le rester, il est essentiel de réapprendre à vous sensibiliser à votre « thermostat intérieur » afin d'être en mesure d'arrêter de manger quand vous l'avez fait suffisamment pour vous sentir bien le reste de la journée.

Quand vous avez mangé suffisamment, votre corps transmet à votre cerveau un signal l'informant que vous êtes rassasié.

Des études ont démontré que ce signal peut prendre jusqu'à 20 minutes pour atteindre le cerveau. Lorsque vous mangez plus lentement et attentivement, il devient de plus en plus facile de remarquer la sensation de satiété aussitôt qu'elle se manifeste. La plupart des gens perçoivent ce signal comme une satisfaction douce et claire se manifestant dans leur plexus solaire (sous les côtes, mais au-dessus de l'estomac).

Si vous ne percevez pas cette sensation réconfortante dès qu'elle se produit, vous pouvez vous fier à un autre moyen de savoir si votre estomac est plein. Dès que vous avez assez mangé, vous constaterez que chaque bouchée subséquente est un peu moins agréable que la précédente. Plus vous porterez attention à ce phénomène, plus il deviendra évident.

Si vous continuez à manger après que cette sensation de satiété s'est manifestée au niveau de votre plexus solaire, vous ressentirez de plus en plus d'inconfort. Il est donc très important d'arrêter de manger dès que vous commencez à sentir cet inconfort, peu importe la quantité de nourriture qu'il reste dans votre assiette.

Lorsque j'explique cette notion durant mes séminaires, il y a toujours au moins une personne qui s'inquiète et lève la main pour demander ce qu'elle doit faire si, 10 minutes plus tard, elle a de nouveau faim.

La réponse à cette question est très simple. Si vous avez faim, MANGEZ. Par contre, vous devez manger ce dont vous avez envie et non ce dont vous pensez avoir besoin, manger dans un ÉTAT DE CONSCIENCE, en savourant chaque bouchée, et, aussitôt que vous sentez que votre estomac est plein, ARRÊTEZ DE MANGER.

Mesurer sa faim et sa satiété sur une échelle de 1 à 10

Êtes-vous une personne qui a l'habitude de suivre des régimes à répétition ? Si c'est le cas, vous êtes peut-être tellement habitué à ne pas tenir compte des signaux que votre corps vous envoie que vous mangez toujours au-delà de votre faim, jusqu'à ce que votre estomac soit plein, ou même sur le point d'éclater. Je ne pourrai jamais insister assez sur l'utilité de l'échelle de la faim. Prendre conscience des besoins et des désirs de son corps est comme travailler un muscle ; plus on l'utilise, plus il devient fort. Ainsi, plus vous vous exercerez à devenir attentif à vos besoins et à votre satiété, plus les signaux de votre corps vous paraîtront clairs. Comment savoir à quel moment vous êtes suffisamment repu ? Lorsque votre satiété atteint 6 ou 7 sur l'échelle de la faim, c'est-à-dire lorsque vous êtes agréablement repu, mais pas encore au point de sentir votre estomac tendu ou gonflé. La règle est simple : ne vous rendez ***plus jamais*** dans les deux extrêmes de la faim.

L'échelle de la faim

1. ***Sentiment d'être sur le point de s'évanouir***
2. ***Faim de loup; sentiment d'être prêt à tout dévorer***
3. Bonne faim
4. Faim légère
5. Neutre
6. Sentiment agréable de satiété
7. Estomac rempli
8. ***Estomac rempli à craquer***
9. ***Estomac gonflé***
10. ***Nausée, envie de vomir***

Voici un exercice facile que j'enseigne durant mes séminaires et que vous trouverez sans doute intéressant.

Remettre son « thermostat intérieur » à zéro

1. Prenez le temps de réfléchir pour vous souvenir d'un moment dans votre vie où vous avez eu vraiment faim, où vous étiez affamé. Comment vous sentiez-vous ? À quel endroit dans votre corps ressentiez-vous la faim? Efforcez-vous de vous souvenir de cette sensation dans les moindres détails.
2. Ensuite, souvenez-vous d'un moment où vous avez senti que votre estomac était rempli à craquer. Comment vous sentiez-vous ? À quel endroit dans votre corps avez-vous ressenti la faim? Encore une fois, efforcez-vous de vous souvenir de cette sensation dans les moindres détails.
3. Quand vous serez prêt, comparez ces deux sensations. Comment vous sentez-vous quand vous avez vraiment très faim ? Et quand vous avez l'estomac rempli à craquer ? Imaginez ces deux sensations en alternance une dizaine de fois pour permettre à votre corps de se souvenir de ces sensations et de se repositionner.

Les premières fois que vous ferez cet exercice, vous aurez peut-être l'impression qu'il ne donne pas vraiment de résultat. Cependant, votre corps et votre inconscient entameront un processus important de remise à zéro pour recommencer à percevoir normalement les signaux de la faim. Plus vous répéterez l'exercice, plus vous décèlerez facilement le moment où vous avez vraiment faim, et plus vous aurez tendance à arrêter de manger dès que vous serez rassasié.

Changer ses habitudes pour toujours

Récemment, j'étais avec un ami qui avait l'habitude de suivre des régimes et qui prenait de plus en plus de poids, ce qui le décevait énormément.

Il a adopté mon approche et il a perdu 56 livres en moins de 6 mois. Au début, il ne croyait pas que ça fonctionnait, mais il a persévéré. Après quelques semaines, il a commencé à sentir ses vêtements un peu plus amples. Il n'avait même pas encore essayé les techniques d'hypnose. Je lui avais seulement parlé des quatre règles d'or que je vous ai enseignées et il s'est mis à les appliquer.

Dernièrement, nous avons dîné ensemble et j'ai remarqué qu'il avait laissé dans son assiette la moitié de son repas, qui semblait pourtant délicieux : des pâtes recouvertes d'une sauce riche et crémeuse. Je lui ai alors demandé s'il y avait quelque chose qu'il n'aimait pas dans son plat et il m'a répondu : « Non, c'était très bon. Mais je ne mange plus jamais au-delà de ma faim. »

Il m'a confié qu'il n'avait même pas à réfléchir pour mettre ma méthode en pratique, car ses nouvelles habitudes étaient devenues une seconde nature. J'ai souvent entendu ce commentaire sur les progrès rapides que la plupart des gens font. Au début, il faut faire un effort conscient pour apprendre et pour suivre chaque étape. Puis la méthode devient de plus en plus facile à utiliser et, en peu de temps, cette manière de se nourrir devient naturelle.

Quand il est question de perdre du poids et de rester mince, se débarrasser de vieilles habitudes néfastes pour en assimiler de nouvelles parfaitement saines est souvent ce qui rebute le plus les gens. Dans votre cas, ce sera différent. Nous allons reconditionner vos habitudes et les adapter à vos besoins. Les techniques d'hypnose proposées dans mon livre et sur mon CD contribueront à renforcer ces nouvelles habitudes au fur et à mesure que les changements s'opéreront.

Quitter le « club des gens qui vident toujours leur assiette »

Pourquoi manger quand vous n'avez pas faim?

Dans le cadre de l'une des expériences qu'il a menées, le professeur Wansink a fait percer deux trous dans une table de la cafétéria d'une université ; deux bols munis d'un tube ont ensuite été déposés par-dessus les trous de manière à les cacher. Le plan était de remplir continuellement ces deux bols à l'insu des étudiants qui allaient prendre part à l'expérience.

Lorsque ces deux étudiants entrèrent dans la cafétéria, le professeur leur expliqua qu'il menait une expérience sur la qualité de la soupe. La même soupe leur fut servie et, à leur insu, leurs bols étaient remplis au fur et à mesure qu'ils l'avalaient. Au lieu de se fier au signal envoyé par leur estomac, ils ont continué à manger jusqu'à ce qu'on cesse de remplir leurs bols. Résultat de l'exercice : les 2 cobayes ont mangé, en moyenne, 73 % plus de soupe que les étudiants à qui on avait servi des bols non truqués !

L'une des habitudes qui empêchent beaucoup de personnes d'être à l'écoute de leur corps est qu'elles restent fidèles au « club des assiettes propres ». Les membres de ce « club » bien particulier pensent que s'ils ne mangent pas tout ce qu'il y a dans leur assiette ils seront considérés comme impolis.

Alors que vider votre assiette, c'est accepter de vous laisser dicter votre faim. Pensez-y : accepteriez-vous que l'employée d'une boutique décide combien d'argent vous devriez dépenser pour vous acheter des vêtements ? Sûrement pas !

Comme la plupart des enfants, je me suis fait dire par mes parents de manger tout ce qu'il y avait dans mon assiette « parce que des enfants meurent de faim en Inde ». Ne sous-estimez jamais le pouvoir subtil d'un tel message culpabilisant, surtout s'il vous a été martelé dès votre jeune âge. Bien sûr, j'ai fini par comprendre que ce n'était qu'une supercherie. Je demandais à mes parents : « En quoi mon embonpoint pourrait-il aider les enfants qui crient famine ? »

Permettez-moi de clarifier ceci une fois pour toutes : contrairement à une opinion très répandue, il a été démontré que manger tout ce qu'il y a dans son assiette n'améliore aucunement le bien-être des enfants qui ont faim en Afrique, en Inde ou en Chine. Si vous voulez vraiment contribuer à mettre un terme à la faim dans le monde, apprenez à gérer vos propres habitudes alimentaires. Mangez uniquement lorsque vous avez faim, savourez chaque bouchée et, dès que vous êtes rassasié, arrêtez de manger. Ainsi, vous mangerez moins et il en restera davantage pour les autres.

Bien sûr, certains des membres du « club » ne se soucient pas réellement de la faim dans le monde et se sentent plutôt coupables de laisser la moitié d'une poitrine de poulet dans leur assiette. Mais, on aurait beau essayer très fort de ressusciter l'autre moitié de cette poitrine de poulet, elle ne reviendrait jamais à la vie ! Je ne crois pas qu'un poulet puisse être assis sur un nuage, au paradis des poulets, à vous surveiller de là-haut de crainte que vous laissiez une partie de lui dans votre assiette.

Une autre excuse que j'entends très souvent est que le chef pourrait être insulté si on laissait de la nourriture. Eh bien, si vous ne savez pas comment expliquer au chef que vous n'avez plus faim, servez-vous de moi comme excuse ! Dites-lui que vous seriez ravi d'engloutir ces six portions excédentaires de purée de pommes de terre recouvertes d'une succulente sauce brune, mais que vous avez écouté mon CD d'hypnose et que votre inconscient est désormais conditionné à ne vous laisser consommer que la moitié des portions que vous mangiez auparavant.

Le conseil suivant vous aidera à vous débarrasser facilement et à tout jamais de votre manie de finir votre assiette : laissez toujours un peu de nourriture dans votre assiette, ne serait-ce qu'une toute petite miette. Ainsi, vous signalerez à votre inconscient que vous êtes sérieusement en train de changer votre comportement.

Lorsque vous aurez enfin réussi à rompre avec vos anciennes habitudes alimentaires néfastes (notamment en laissant un peu de nourriture dans votre assiette à la fin de chaque repas), il vous sera plus facile d'arrêter de manger dès que vous vous sentirez rassasié, et ce, même si vous devez laisser votre assiette à moitié pleine. Vous aurez moins de nourriture dans l'estomac et plus de maîtrise dans votre vie.

(Et puis, si vous avez faim de nouveau un peu plus tard, ne vous inquiétez pas ; servez-vous une autre portion et laissez-en un peu dans votre assiette, encore une fois !)

L'élixir de la perte de poids miraculeuse

Il existe un autre moyen de vous aider encore davantage à manger seulement lorsque vous avez faim et à arrêter dès que vous vous pensez rassasié. Nos corps sont constitués d'environ 75 % d'eau et ce pourcentage augmente à près de 85 % dans la zone du cerveau, qui est évidemment très importante. Lorsque le mécanisme intérieur qui régularise les niveaux d'eau détecte tout manque actuel ou imminent, le corps commence à rationner de façon sélective l'eau qu'il contient. C'est le cerveau qui reçoit la plus grande ration et chaque organe reçoit juste la quantité qu'il lui faut pour maintenir son fonctionnement de base.

Selon le Dr F. Batmanghelidj, auteur de l'ouvrage révolutionnaire intitulé *Votre corps réclame de l'eau*, un grand nombre de maux et de douleurs dont les gens souffrent quotidiennement, incluant la faim, sont en fait les symptômes préliminaires de la déshydratation. C'est l'une des raisons pour lesquelles il arrive parfois que vous ne vous sentiez pas parfaitement rassasié, peu importe ce que vous mangez.

Il est quasi impossible de faire la différence entre le signal de la soif et celui de la véritable faim. Donc, lorsque votre estomac se met à gargouiller, il vaut mieux essayer d'abord de l'apaiser avec un verre d'eau fraîche. Si vos gargouillements s'estompent, c'est que vous aviez soif. Mais si vous sentez encore la faim, mangez !

À quoi vous attendre au cours des deux prochaines semaines

1. Suivre les règles d'or de la méthode vous semblera un peu étrange

Certaines personnes me disent qu'au début elles étaient un peu gênées de manger lentement et de mastiquer consciencieusement chaque bouchée. Elles avaient l'impression que tout le monde les regardait. Mais comme le dit si bien le dicton : « *On se soucierait moins de ce que les autres pensent de nous si on savait combien ils y pensent rarement* ». La plupart des gens sont si occupés à réfléchir dans leur bulle qu'ils ne remarquent même pas ce qu'ils mangent ni ce que les autres pensent ou disent.

Par ailleurs, en vous voyant manger de la pizza, du bacon ou du chocolat, les gens qui savent que vous avez l'habitude de suivre des régimes penseront peut-être que vous avez encore une fois perdu le contrôle. Mais rira bien qui rira le dernier !

À mesure que vous vous habituerez à manger dans un état de conscience, vous apprécierez de plus en plus la saveur des aliments et vous ressentirez la satisfaction formidable de maîtriser enfin votre alimentation.

Dans une société comme la nôtre, qui véhicule énormément de messages contradictoires à propos de l'alimentation et de l'image corporelle, ce qui est considéré comme normal peut être très loin de ce qui est naturel. Ainsi, même s'il vous semble un peu étrange au début de reconditionner votre corps à manger d'une manière plus intuitive, rappelez-vous que vous êtes en fait en train de vous rapprocher d'une façon plus naturelle de vous alimenter. C'est l'approche la plus simple au monde pour perdre du poids et ne pas le reprendre. Contrairement aux diètes, qui vont à l'encontre de votre besoin naturel de manger quand vous avez faim et d'arrêter quand vous êtes rassasié, cette approche-ci collabore avec votre corps.

2. Vous vous sentirez bien

L'un des bienfaits dont parlent le plus fréquemment les gens qui ont adopté cette méthode est qu'ils se sentent mieux et qu'ils ont une meilleure estime d'eux-mêmes.

Voici à quoi vous pouvez vous attendre, vous aussi :

- Pour la première fois depuis longtemps, vous aurez le sentiment de vous maîtriser davantage face à la nourriture.
- Vous n'aurez plus à vous demander toujours quoi manger et quand ; cette contrainte aura disparu.

Vous ne serez plus obsédé par la nourriture et vous vous sentirez libéré.

- Vous constaterez que vous êtes capable de perdre du poids facilement.
- Vous réaliserez que les gens minces ne sont pas différents de vous. Nous avons tous la même capacité de perdre du poids.

En fait, vous serez étonné de voir à quel point c'est facile !

Étant donné que vous ne dépenserez plus autant d'énergie à penser à la nourriture, vous en aurez plus pour profiter de la vie. Ce regain est l'un des signes qui prouvent que l'approche fonctionne.

3. Vous aurez peut-être des doutes

Les gens qui ont adopté cette méthode avec succès disent souvent que, les premières semaines, ils se sont demandé si les résultats étaient concluants. Si vous constatez que vous mangez plus qu'auparavant, si vos repas ne semblent pas très équilibrés sur le plan nutritif ou si rien ne semble avoir changé...

Rassurez-vous ! Pourvu que vous suiviez les quatre règles d'or, la méthode fonctionnera.

Il est normal d'avoir des doutes, tout simplement parce que cette approche est différente de toutes celles ce que vous avez déjà essayées. Bientôt, quand vous commencerez à sentir que vous avez davantage d'énergie, que vos vêtements vous vont mieux qu'avant et qu'un certain bien-être vous habite, vous saurez que tout fonctionne à merveille. Rappelez-vous que vous avez déjà essayé toutes sortes d'autres programmes, de régimes et de techniques d'amaigrissement et qu'ils n'ont pas donné les résultats escomptés, ou alors pour quelque temps seulement. En vous engageant à essayer mon approche durant les deux prochaines semaines, vous n'avez rien à perdre, sauf du poids.

4. À un moment donné, vous oublierez de suivre mes instructions et vous briserez au moins une des règles d'or, si ce n'est pas les quatre.

C'est important que vous sachiez que vous commettrez sûrement un écart ou deux, que ce soit en engloutissant un sandwich sur le pouce, en vous empiffrant de biscuits, en dévorant une gâterie pour vous calmer les nerfs, ou en vous lançant dans l'excès en faisant un gueuleton gargantuesque.

À ce moment-là, vous aurez le choix :

Vous pouvez vous taper sur la tête (comme vous l'avez fait dans le passé) et abandonner, en vous disant que vous ne valez rien et que vous ne réussirez jamais à changer.

Ou :

Vous pouvez rester calme, sourire, vous rappeler que je vous avais averti que ce genre d'écart de conduite allait survenir, puis continuer à suivre la méthode : manger seulement quand vous avez faim, savourer chaque bouchée et arrêter dès que vous êtes rassasié. Quoi qu'il arrive, recommencez à suivre la méthode dès que possible. Donnez-vous la chance de vous y habituer et vous vous en féliciterez tout le reste de votre vie...

La tentation de vous peser

Permettez-moi de vous faire une dernière mise en garde. Depuis que j'ai commencé à travailler il y a plusieurs années auprès de clients qui cherchent à perdre du poids, j'ai constaté combien ils sont obsédés par l'idée de se peser. Certains d'entre eux le font chaque jour, d'autres se pèsent après chaque repas. Comme si leur pèse-personne était une loterie, ils s'attendent à avoir perdu deux livres depuis leur petit-déjeuner.

Vous ne pourrez pas obtenir la mesure précise de votre poids en vous pesant chaque jour.

Chaque fois que vous montez sur une balance, vous vous donnez l'occasion de vous décevoir. Il faut savoir que le poids de chaque personne augmente et diminue constamment ; même le poids des personnes qui sont minces naturellement. D'ailleurs, celles-ci se pèsent rarement, et la plupart d'entre elles n'ont aucune idée de leur poids.

La rétention d'eau, la pression atmosphérique et d'autres facteurs environnementaux agissent sur notre corps et peuvent lui faire prendre ou perdre jusqu'à dix livres. C'est pourquoi la balance est la référence la moins fiable à consulter pour s'encourager à maigrir. Il est donc important de NE PAS VOUS PESER durant les deux premières semaines.

D'ailleurs, je vous recommande de ne plus jamais vous peser. Vous saurez que vous êtes mince parce que vous serez splendide et en pleine forme. Toutefois, si vous tenez absolument à connaître votre poids, attendez au moins DEUX semaines entre chaque pesée.

Pour se rendre d'un endroit à un autre, un avion ne vole jamais en ligne droite; il ajuste constamment son parcours. Mais bien qu'il dévie de son cap 91 % du temps, sa destination reste toujours la même.

C'est la même chose en ce qui concerne l'amaigrissement. Certains jours se dérouleront mieux que d'autres, et vous aurez parfois davantage confiance en vous qu'à d'autres moments. Cependant, si vous gardez votre objectif en tête et si vous continuez à suivre les règles d'or, VOUS PERDREZ DU POIDS et ne le reprendrez pas, tant et aussi longtemps que vous appliquerez cette approche.

Est-il possible que ce soit si simple ?

Oui ! Récapitulons les quatre principes de la méthode :

1. Mangez quand vous avez faim.
2. Mangez seulement ce que vous voulez, et jamais ce que vous pensez « devoir » manger.
3. Mangez avec conscience et savourez chaque bouchée.
4. Arrêtez de manger dès que vous pensez être rassasié.

Voilà tout ce que vous avez à faire pour perdre du poids et ne plus jamais le reprendre. Et si vous êtes réellement prêt à être mince, je peux simplifier la méthode encore davantage pour vous. Si vous préférez ne suivre qu'une seule règle pour changer la manière dont vous mangez actuellement, choisissez celle-ci :

Savourez chaque bouchée avec conscience.

En misant sur cet aspect de l'approche, tous les autres se mettront en place parce que :

- Vous serez incapable de retirer tout le plaisir de savourer votre nourriture si vous n'avez pas réellement faim.
- Vous pourrez retirer un véritable plaisir à savourer votre nourriture seulement lorsque vous choisirez des aliments que vous aimez vraiment.
- Votre nourriture ne vous procurera plus de plaisir si vous continuez à manger alors que vous n'avez plus faim.

FOIRE AUX QUESTIONS À PROPOS DE

« La méthode d'amaigrissement la plus simple au monde »

Q. Que dois-je faire si je n'arrive pas à déterminer si je suis rassasié ?

Dans son livre *Achieving Vibrance*, Gay Hendricks parle d'un mécanisme corporel qu'il appelle le point « V ». Celui-ci est situé dans le plexus solaire, juste en bas de la cage thoracique, et pointe vers le centre du corps. Il s'agit d'un muscle servant à contrôler le débit des aliments qui s'acheminent vers l'estomac. Malheureusement, ce muscle n'est pas très fort chez la plupart d'entre nous ! Mais au fur et à mesure que vous apprendrez à mieux percevoir les signaux de votre corps, vous pourrez sentir le point V se resserrer lorsque vous avez assez mangé.

Entre-temps, si vous pensez le moindrement être repu, arrêtez de manger. De cette façon, vous ne vous tromperez pas. Le pire qui puisse arriver, c'est de sentir par la suite que vous aviez encore faim. Vous n'aurez alors qu'à continuer à manger.

Q. C'est un grand soulagement de pouvoir manger quand j'ai faim. Par contre, je me sens toujours coupable de manger n'importe quoi dont j'ai envie. Puis-je suivre l'une de ces deux règles sans l'autre ?

Non, non, non et non. L'une des pires conséquences de la conspiration des diètes est que les personnes qui ont l'habitude de suivre des régimes à répétition développent la manie de regarder par-dessus leur épaule pour voir si la police de la bouffe les surveille. Ils craignent de se faire surprendre en flagrant délit de dégustation, de peur de se faire renvoyer au purgatoire de la privation. Rappelez-vous que votre corps est conçu pour fonctionner à la nourriture et, lorsque vous aurez appris à l'écouter, il vous indiquera toujours ce dont il a besoin.

Chaque fois que vous mangez quelque chose dont vous n'avez pas vraiment envie, vous renforcez l'idée que quelqu'un d'autre connaît mieux vos besoins que vous et votre propre corps. Bien que cela soit une excellente chose pour l'industrie de la publicité, c'est une catastrophe quand vous cherchez à perdre du poids.

Q. J'ai beau essayer, je n'arrive pas à laisser de la nourriture dans mon assiette. Avez-vous d'autres suggestions ?

On dirait que vous essayez encore de perdre du poids par la seule force de votre volonté. C'est un peu comme essayer d'enfoncer des clous avec un tournevis. En utilisant votre imagination au lieu de votre volonté, vous n'aurez pratiquement plus aucun effort à faire pour réussir à laisser de la nourriture dans votre assiette.

Si vous n'y arrivez toujours pas, essayez ceci : avant de commencer à manger, mettez de côté l'équivalent de quelques bouchées dans une autre assiette. Si vous êtes au restaurant, vous pouvez même demander au serveur d'emporter ce surplus aux cuisines. Puis, vous pouvez déguster ce qu'il reste dans votre assiette, pourvu bien sûr que vous ayez réellement faim.

Ensuite, si vous vous sentez encore coupable de laisser la moitié de votre poitrine de poulet dans votre assiette, vous pouvez utiliser la technique que j'explique au chapitre six, qui consiste à taper doucement sur un point de pression de votre corps, pour vous débarrasser de toute culpabilité inutile et poursuivre votre cheminement vers un corps plus sain et une vie plus équilibrée !

L'histoire de Claire

Claire Singh

Nombre de livres perdues : 112

Avant

Après

Pendant la majeure partie de ma vie d'adulte, j'ai souffert de problèmes de poids. Auparavant, si vous m'aviez demandé ce que j'avais mangé au cours d'une journée, je vous aurais répondu, mais j'aurais oublié certaines choses, bien involontairement, car je mangeais sans réfléchir. Je ne tenais pas compte de ce que je me mettais sous la dent. Je ne me demandais même pas si j'avais faim ou non.

Ma mère m'a inscrite à l'atelier de Paul McKenna en guise de cadeau de Noël. J'ai accepté d'y aller en me disant que je n'avais rien à perdre. Je n'oublierai jamais cette journée. Son approche était tellement simple et inspirante que ce fut une révélation pour moi. J'avais l'impression que quelqu'un venait de me réveiller en disant : « Voici les réponses ».

Pour la première fois de ma vie, j'ai commencé à prendre conscience de la nourriture que j'avalais, et ce, avant et pendant que je mangeais. Au même moment, je me suis mise à aller au centre sportif, où un entraîneur personnel m'a aidée et encouragée. Faire de l'exercice physique est devenu une routine qui s'est intégrée naturellement dans mon nouveau mode de vie « normal ».

J'ai depuis un point de vue différent sur la nourriture. Je sais que celle-ci est un carburant pour le corps, pas un soutien pour l'âme. Depuis le jour où j'ai participé à l'atelier de Paul McKenna, je mange beaucoup moins, mais avec toute ma conscience, et je me sens plus facilement rassasiée. Je ne consomme plus de malbouffe et je cuisine mieux qu'avant. Le fait d'avoir perdu du poids me permet non seulement de me sentir mieux, mais aussi d'être davantage à l'écoute de mon corps. De manière générale, ma santé s'est améliorée et je n'ai plus de problèmes digestifs.

J'écoute encore le CD d'hypnose. C'est très utile pour recentrer mon attention sur la méthode et cela m'aide beaucoup. Je serai toujours très reconnaissante d'avoir pu vivre cette expérience enrichissante qui m'a profondément changée. C'est comme si quelqu'un m'avait murmuré: « Voici la clé du reste de ta vie...

Claire a perdu environ 36 livres en 12 mois. En général, les personnes qui utilisent cette méthode perdent en moyenne 1 ou 2 livres par semaine.

3.

Conditionnez votre esprit à amincir votre corps

Les habitudes qui s'ancrent au fil du temps

Vous avez à maintes reprises tenté d'adopter des habitudes alimentaires plus saines dans le passé et, malgré vos efforts, vous n'avez pas réussi à les garder. Alors, vous pensez sans doute que, si vous aviez plus de volonté, vous n'auriez pas d'excès de poids.

Eh bien, d'après les données scientifiques les plus récentes, il faut vous en convaincre une fois pour toutes :

Ce n'est pas votre faute !

Il est quasi impossible de briser une habitude uniquement par un effort de volonté. Il faut reconditionner son esprit.

J'ai aidé des centaines de personnes à s'affranchir très rapidement des compulsions qui les tenaillaient. Même les dépendances les plus tenaces succombent au pouvoir d'un reconditionnement efficace. Vous doutez probablement de cette affirmation. Après tout, si des changements durables sont si faciles à effectuer, pourquoi avez-vous échoué ?

Cela s'explique par une simple règle d'ordre psychologique :

L'imagination est beaucoup plus puissante que la volonté.

Si vous voulez tester brièvement ce principe, imaginez un morceau de gâteau au chocolat (ou votre aliment préféré) posé devant vous. Ensuite, utilisez votre volonté pour vous convaincre que vous n'allez pas y toucher. Puis, imaginez le goût du glaçage au chocolat fondant dans votre bouche. Sentez-vous votre volonté faiblir ?

Visualisez encore une fois ce morceau de gâteau au chocolat (ou votre aliment préféré) posé devant vous. Ensuite, imaginez le gâteau couvert d'asticots : des tas de vers grouillants. Sentez l'odeur dégoûtante qui se dégage des asticots (ou se dégage-t-elle du gâteau ?). Celui-ci a-t-il soudain perdu de son attrait ?

Voilà le pouvoir de votre imagination lorsqu'elle est à l'œuvre. D'ailleurs, c'est en l'utilisant que vous pouvez prendre les meilleures décisions quand il est question de savoir quoi manger. Lorsque vous lisez le menu au restaurant, vous goûtez mentalement les plats avant de faire votre choix. C'est pour cette raison que les restaurateurs se donnent tant de mal pour nommer et décrire leurs plats avec des termes alléchants. Par exemple, que préféreriez-vous manger ce soir : des « paupiettes de sole légèrement poêlées et rehaussées d'une sauce parfumée au citron » ou du « poisson mort » ?

Le rôle de la concentration

Prenez un instant pour vous poser la question suivante :

Quel est l'objectif que je veux atteindre par rapport à mon corps ?

Si vous êtes comme la plupart des gens, votre réponse correspond à « perdre du poids », « faire disparaître mes poignées d'amour », ou « ne plus être aussi gros ».

Dans la vie, l'une des règles les plus élémentaires sur le plan psychologique est : on obtient toujours plus de ce sur quoi on se concentre. Cependant, dans chacun des objectifs cités ci-dessus, votre attention doit se centrer sur ce que vous ne voulez pas : le poids que vous voulez perdre. Ces « poignées d'amour » que vous détestez sans oser l'avouer, ou la graisse dont vous voulez vous débarrasser. Cela renforce non seulement l'image de grosse personne que les gens ont d'eux-mêmes, mais aussi le fait qu'ils se sentent impuissants, sans espoir et non motivés.

Lorsque vous dirigez votre attention exclusivement sur ce que vous voulez (un corps mince, ferme et sain), vous envoyez à votre inconscient le message de saisir toutes les occasions qui se présentent de progresser vers l'atteinte de votre objectif. En précisant votre objectif et en visualisant de façon très précise ce que vous voulez, vous conditionnez votre esprit et votre corps à le réaliser. Plus votre objectif est précis, mieux l'approche fonctionne. Si vous vous contentez de dire : « J'aimerais être plus mince », votre inconscient risque d'interpréter que vous voulez perdre un kilo. Alors, décrivez exactement ce que vous voulez.

Par exemple :

« Je veux perdre 20 kilos
dans les quatre prochains mois. »

Ou :

« Je veux me sentir à l'aise
dans une robe de taille 12. »

Ou mon objectif préféré :

« Je veux avoir une allure sensationnelle
lorsque je suis nu ! »

L'image de soi et la prédiction qui se réalise

Souvenez-vous que tout ce que vous avez à faire pour atteindre votre objectif est de :

1. Manger quand vous avez faim.
2. Manger seulement ce que vous voulez et jamais ce que vous pensez devoir manger.
3. Manger avec conscience et savourer chaque bouchée.
4. Arrêter de manger dès que vous pensez être rassasié.

Alors, pourquoi devriez-vous poursuivre la lecture de mon livre ?

Parce que les techniques que je m'apprête à vous enseigner vont faciliter grandement votre démarche. Cela vous permettra aussi de rehausser de façon surprenante votre estime de vous-même. En d'autres mots :

Nous ne sommes pas seulement ce que nous mangeons, nous sommes aussi ce que nous pensons.

Dans les années 1960, le célèbre chirurgien plastique Maxwell Maltz a constaté que l'estime et la confiance en soi de la plupart de ses patients augmentaient considérablement après un bon nombre de ses interventions. Cependant, la chirurgie ne semblait avoir aucune incidence sur l'estime de soi de certains autres. Le Dr Maltz a exploré différentes pistes pour trouver une explication à ce phénomène et fini par conclure que les patients qui n'observaient pas de changement dans leur niveau de bien-être étaient marqués d'une « cicatrice à l'intérieur d'eux-mêmes ». Ils se considéraient comme des personnes indignes, mauvaises ou sans espoir, et le fait que leur apparence physique s'était améliorée ne changeait en rien l'image qu'ils avaient d'eux-mêmes. Ils souffraient de ce que le Dr Maltz appelait « une image appauvrie d'eux-mêmes ».

L'image que vous avez de vous-même est la manière dont vous vous percevez dans votre imagination. C'est le plan qui détermine tout à propos de vous : la motivation, l'intelligence et la confiance avec lesquelles vous êtes prêt à vous permettre d'être vous-même, et quel poids vous êtes prêt à traîner avec vous ou à perdre.

Pourquoi notre image de nous-mêmes a-t-elle une si grande influence sur notre comportement ? Parce qu'elle dépend de notre autorenforcement. À titre d'exemple, nous avons tous déjà rencontré des personnes qui ne jouissent pas d'une beauté classique, mais qui ont un charme indéniable. Parce qu'elles se voient comme de belles personnes, elles ont une belle prestance, s'habillent de manière à mettre en valeur leurs meilleurs atouts et sont à l'aise de parler à n'importe qui. Cette confiance en soi les rend irrésistibles pour les autres, qui réagissent à leur présence de manière positive, ce qui contribue à renforcer encore davantage l'image attrayante qu'elles ont d'elles-mêmes.

Il y a aussi plein de gens qui ne se pensent pas séduisants et qui sabotent inconsciemment tout effort de bien paraître. Après tout, si vous êtes convaincu d'être un vilain canard, pourquoi prendriez-vous le temps de vous vêtir comme un cygne ? Sachez cependant que si vous ne prenez pas la peine de vous montrer sous votre meilleur jour, les autres ne seront pas attirés vers vous.

D'une manière ou d'une autre, votre image de vous-même joue son rôle à la perfection en vous poussant à agir à la hauteur de ce que vous croyez être.

Les personnes qui souffrent d'embonpoint ont trop souvent une image d'elles-mêmes qui les convainc qu'elles seront toujours grosses. Bien qu'elles se disent qu'elles préféreraient être minces, elles pensent souvent que les personnes minces sont différentes d'elles, et leur objectif leur semble donc presque impossible à atteindre.

Comment pouvez-vous briser ce cercle vicieux ?

En prenant l'habitude de centrer votre attention sur ce que vous VOULEZ. Que ça vous plaise ou non, vous devrez vous habituer à vous considérer comme une personne qui a un corps attirant !

L'effet de la visualisation

Des études menées récemment aux États-Unis et en Europe ont démontré que les techniques de visualisation améliorent grandement la capacité de perdre du poids. En gardant en tête une image très claire de vous-même avec un corps plus mince et en visualisant votre cheminement jusqu'à votre poids idéal, vous transmettrez à votre cerveau un message qui stimulera votre niveau d'énergie, votre motivation et votre métabolisme. Ces changements créeront des sensations physiques qui, à leur tour, affecteront vos pensées et vos émotions, qui, elles, renforceront le conditionnement de votre cerveau.

Je vous propose maintenant deux exercices de visualisation. Tout le monde peut les réaliser. Pour en juger par vous-même, veuillez répondre aux questions suivantes :

1. De quel style est la porte d'entrée de votre demeure ?
2. De quelle couleur est-elle ?
3. De quel côté est la poignée ?

Pour répondre à ces questions, vous avez visualisé la porte de votre maison, en vous plaçant devant elle dans votre imagination et en la reproduisant en images. Dans le cas de 99 % des gens, ces images mentales ne sont pas aussi réelles que la réalité et cela est une bonne chose. Car les personnes qui sont incapables de faire la différence entre les images dans leur tête et celles qu'ils voient dans le monde réel ont de sérieux ennuis.

Votre corps parfait

Voici un exercice simple, mais très efficace, qui conditionnera votre inconscient et vous aidera à perdre du poids sans le reprendre. Avant de commencer, prenez d'abord connaissance de chacune des cinq étapes suivantes:

1. Imaginez un instant que vous êtes en train de regarder un film mettant en vedette une version mince, heureuse et confiante de vous.

2. Examinez cette version amincie de vous-même s'adonner avec aisance aux tâches et aux activités habituelles de votre vie quotidienne. Imaginez cette nouvelle version de vous manger juste la bonne quantité de nourriture, bouger agilement et gérer rapidement et facilement ses émotions.

   - De quelle manière cette autre version de vous se parle-t-elle?
   - Quel ton de voix utilise-t-elle?
   - Comment se tient-elle?
   - Comment bouge-t-elle?

3. Si le film ne correspond pas encore tout à fait à l'image que vous aimeriez voir de vous-même, alors apportez les correctifs nécessaires en vous laissant guider par votre intuition.

4. Quand vous serez satisfait de l'image de vous-même, incarnez-la. Imprégnez-vous de l'état d'esprit et des comportements que vous avez imaginés.

5. Maintenant, visualisez-vous dans vos activités quotidiennes avec ces nouveaux comportements et ce nouvel état d'esprit. Pensez aux changements que cela apporte et à ce que cela peut vous aider à accomplir. Quelles améliorations voyez-vous survenir dans votre vie ?

Répétez, répétez, répétez

La répétition est la clé du succès. Lorsque nous reproduisons plusieurs fois un même geste, un trajet nerveux est créé et renforcé dans notre cerveau. Lorsque vous vous imaginez mince et en santé, vous transmettez à votre inconscient des messages vous incitant à vous comporter, vous sentir et manger comme une personne mince. À mesure que votre corps s'allégera, vous deviendrez plus réceptif à vos sensations et aurez davantage d'énergie et de vitalité.

Si vous faites cet exercice chaque matin, vous adopterez rapidement cette saine habitude. Plus tôt vous vous y mettrez, plus vite vous commencerez à vous sentir mieux et à améliorer votre estime de soi. Et, chaque fois que vous vous livrerez à cet exercice, vous vous rapprocherez de votre poids idéal.

Cette activité sert à centrer votre attention sur votre objectif, ce qui rend ce dernier de plus en plus puissant et attirant. Ainsi, chaque fois que vous refuserez de manger les aliments dont vous n'avez pas envie et que vous choisirez ceux que vous aimez, un sentiment de légèreté agréable vous envahira et vous saurez que vous venez de faire un pas de plus vers votre but.

De même, chaque fois que vous écouterez le CD d'hypnose, vous optimiserez les gains que vous faites lorsque vous prenez le temps de visualiser votre corps plus mince.

FOIRE AUX QUESTIONS À PROPOS DE

« Conditionnez votre esprit à amincir votre corps »

Q. Que faire si j'ai de la difficulté à me visualiser?

Continuez tout simplement à écouter le CD et laissez-moi faire tout le reste. Quand vous allez au restaurant, vous ne vous attendez pas à cuisiner vous-même votre repas, n'est-ce pas? Tout ce que vous avez à faire est de vous asseoir confortablement, de vous détendre et de laisser les messages qui vous sont suggérés sur le CD faire leur travail. Quand vous aurez écouté celui-ci au moins une fois par jour pendant au moins deux semaines, votre esprit et votre corps auront déjà commencé à changer positivement.

Q. J'ai tendance à m'endormir en écoutant le CD. Fonctionnera-t-il quand même pour moi ?

Curieusement, il agira encore mieux sur vous que lorsque vous êtes éveillé et que vous l'écoutez attentivement !

Toute nouvelle maman sait que, même lorsqu'elle dort profondément, une partie de son esprit reste en veille, prêt à la sortir de son sommeil si son bébé se met à pleurer.

Semblablement, votre esprit reste à l'écoute même lorsque votre corps est endormi. Tous les messages positifs du CD s'y logent et renforcent, à chaque écoute, votre rapport de plus en plus sain à la nourriture.

L'histoire de Christopher

Christopher Wilde

Nombre de livres perdues : 211

Avant

Après

J'ai compris que la situation était grave quand j'ai réalisé que j'attendais de mourir. J'ai senti que mon corps ne pouvait plus continuer à se faire malmener et que ce n'était plus qu'une question de temps avant qu'il cède. Je venais de perdre mes parents, tous deux morts du cancer, j'avais de la difficulté à trouver du travail après avoir passé 18 années à faire un boulot que je détestais et j'étais devant un gouffre financier. J'étais au bout du rouleau.

Au moment où j'allais m'avouer vaincu, j'ai entendu parler de la méthode d'amaigrissement de Paul McKenna. Je ne le savais pas encore, mais cela allait me sauver la vie. J'ai suivi plein de régimes dans le passé et j'ai déjà réussi à perdre beaucoup de poids, mais je l'ai toujours repris, avec un surplus en prime. Après 25 ans à lutter pour perdre du poids, j'ai eu le plaisir de constater que c'était facile d'y arriver et d'éviter de le reprendre.

Lorsque j'ai commencé à utiliser la méthode de Paul McKenna, je pesais 386 livres. J'en pèse maintenant 175. J'ai perdu tout ce poids en 14 mois. Et cette approche m'a aussi permis de gagner la confiance nécessaire pour faire face à mes problèmes et les surmonter. J'ai redressé ma situation financière et trouvé un nouvel emploi très intéressant : au lieu de conduire des autobus et des camions, j'évalue les compétences des chauffeurs et je suis beaucoup plus heureux dans ce rôle.

Christopher a perdu 211 livres en 14 mois. En général, les personnes qui utilisent cette méthode perdent en moyenne 1 ou 2 livres par semaine.

4.

Vaincre l'alimentation émotionnelle

Reconnaître la faim émotionnelle

L'une des erreurs les plus communes que les gens commettent lorsqu'ils entreprennent d'utiliser mon approche est de confondre la faim émotionnelle et la faim physique. Ces deux-là paraissent très semblables jusqu'à ce que l'on devienne plus à l'écoute de son corps.

La raison principale pour laquelle les gens mangent alors qu'ils n'ont pas faim est qu'ils cherchent à étouffer une émotion négative ou à combler un manque affectif. Voilà pourquoi il vous est peut-être arrivé de manger comme un ogre sans jamais vous sentir rassasié ; comme vous n'aviez pas une faim physique, aucune nourriture n'arrivait à vous satisfaire.

Après une dispute, vous vous réconfortez peut-être avec du chocolat. Ou, au retour d'une longue journée de travail pénible, vous vous requinquez avec un bol de crème glacée. Si vous vous ennuyez à l'occasion et ne savez trop comment vous occuper, vous avez peut-être soudain envie de craquelins et de fromage. Mais comme le dit si bien mon ami Michael Neill : « Il n'y a pas assez de biscuits sur la Terre pour répondre au besoin d'être aimé et comblé ».

Voici quelques indices pour vous aider à distinguer les deux types de faim :

1. La faim émotionnelle est soudaine et urgente, alors que la faim physique se manifeste graduellement et peut patienter.

Avez-vous déjà ressenti une envie soudaine et irrépressible de manger ?

Si vous repensez à ce moment, vous découvrirez peut-être que peu de temps avant que cette faim surgisse, vous étiez préoccupé par quelque chose.

Pour éviter de faire face à certains sentiments qui les perturbent, les gens apprennent à les dissimuler avec de la nourriture.

La faim physique, elle, est graduelle. Vous constatez d'abord un léger gargouillis dans votre estomac, ou même un grondement profond. Si vous continuez à y rester sourd, vous éprouverez sans doute un léger étourdissement, de la tristesse, de la colère ou simplement de la fatigue. Plus tôt vous réagirez aux indices que votre corps vous envoie pour vous faire comprendre qu'il a besoin de carburant, plus facile ce sera de distinguer ces deux types de messages.

2. La faim émotionnelle ne peut être comblée par de la nourriture ; la faim physique, oui

Si vous mangez sans arrêt sans jamais vous sentir satisfait, c'est parce que ce n'est pas de nourriture dont vous avez besoin, mais d'un regain d'émotions positives. Lorsque vous avez envie de vous sentir mieux (ou moins mal), aucune quantité de nourriture ne peut vous venir en aide.

Il y a une autre différence entre les deux types de faim. Lorsque vous enrayez la source de la faim émotionnelle, cette dernière ne refait pas surface quelques heures plus tard !

Peu importe la manière dont ils se manifestent, les sentiments qui sont à la source de la faim émotionnelle se résument invariablement à une chose :

un stress inéluctable

Selon les spécialistes en traitement des besoins maladifs et de la dépendance, un « stress inéluctable » est l'impression continuelle que rien ne peut réduire le malaise dont une personne souffre. Cette tension implacable est peut-être causée par un mariage malheureux, une maladie chronique, ou le surmenage dû à votre travail. Elle est peut-être aussi la conséquence d'un sentiment de culpabilité ou de honte, ou d'un regret par rapport à un événement qui s'est produit dans le passé et que vous croyez ineffaçable.

Dans son excellent livre *The Craving Brain*, le Dr Ronald Ruden explique comment vivre un tel stress change « la composition du cerveau » et crée une dépendance physiologique à certaines substances, comme la nourriture et l'alcool. Cela permet de reléguer un stress insoutenable au second plan. La nourriture est alors un bandage qui soulage temporairement le sentiment de manque, sans toutefois contribuer à régler le problème à la source du mal-être.

Grâce aux conclusions de cette recherche de pointe, nous avons maintenant le « remède–miracle » pour vous aider à perdre du poids :

Maîtrisez votre réponse au stress et vous ne ressentirez plus le besoin de vous suralimenter.

De nombreuses études scientifiques ont démontré que nos pensées ont un effet considérable sur notre santé et notre bien-être. Nous pouvons changer les processus biologiques de notre corps au moyen de notre imagination et nous pouvons tout autant changer nos sentiments et nos humeurs. En reconditionnant votre esprit et en développant votre capacité à gérer votre réaction au stress, vous modifierez positivement la composition neurochimique de votre cerveau.

Dans le prochain exercice, nous utiliserons une très simple technique d'association qui contribuera à créer une sensation de calme dans tout votre corps ; le même sentiment de calme et de paix que la suralimentation vous procurait. Répétez souvent cet exercice et renforcez-le en écoutant le CD d'hypnose ; vous arriverez ainsi à réduire votre niveau de stress et à répondre plus sainement à votre faim émotionnelle.

La zone de grand calme

Avant de commencer cet exercice, prenez d'abord connaissance de chacune des étapes suivantes :

1. Souvenez-vous d'un moment où vous vous êtes senti calme, en paix et maître de vous-même. Replongez-vous dans cet état. Visualisez ce que vous voyiez à ce moment-là, entendez ce que vous entendiez et ressentez le bien-être qui était alors le vôtre. (Si vous ne vous souvenez pas d'un tel moment, imaginez comment il serait formidable de vous sentir tout à fait bien et en paix, avec toute l'aisance, le confort et la maîtrise de soi dont vous pouvez rêver.)
2. Imaginez les couleurs plus vives et plus riches, les sons plus cristallins et les émotions plus intenses. Lorsque celles-ci sont agréables et que vous vous sentez bien comme vous l'étiez dans votre souvenir, joignez le pouce et le majeur de votre main droite en appliquant une légère pression. Vous associerez ainsi cette pression à cet endroit de votre corps à ces émotions agréables. Repensez à ce moment en répétant ce geste plusieurs fois jusqu'à ce que vous éprouviez une grande paix intérieure.
3. Évoquez ce souvenir au moins cinq fois tout en continuant à appuyer le pouce contre le majeur de votre main droite pour bien les associer à

ces émotions agréables. Vous saurez que vous l'aurez suffisamment répété quand il vous suffira de placer ces deux doigts ensemble pour que ce bien-être, cet état de calme et de détente, se répande dans tout votre corps.

4. Ensuite, pensez à la situation que vous aviez trouvée un peu stressante. Encore une fois, joignez le pouce et l'index. Ressentez le calme se répandre dans votre corps et imaginez-vous faire face à nouveau à cette situation stressante en étant aussi détendu que vous l'êtes maintenant. Visualisez la situation se dérouler très bien, exactement comme vous le voulez. Observez ce que vous verriez, entendez ce que vous entendriez, et appréciez combien c'est agréable d'être si calme et d'avoir autant de maîtrise dans pareille situation.

5. Tout en continuant à appuyer votre pouce contre votre majeur, souvenez-vous de ce sentiment de calme et de maîtrise et, encore une fois, imaginez-vous faire face à cette situation qui vous a déjà paru stressante. Cette fois, imaginez que quelques problèmes surviennent et que vous leur faites aisément face. Observez ce que vous verriez, entendez ce que vous entendriez et appréciez combien c'est agréable d'être si calme et d'avoir autant de maîtrise dans pareille situation.

6. Prenez un instant pour repenser à cette situation. Constatez comment vous la voyez différemment d'il y a à peine quelques minutes. Vous sentez-vous moins stressé et plus confiant ? Si ce n'est pas le cas, répétez l'exercice jusqu'à ce que vous le soyez !

Chaque fois que vous répéterez cet exercice, il vous deviendra de plus en plus facile de parvenir à cet état de détente et de calme, qui est à la portée de vos doigts.

Votre critique le plus sévère

L'une des plus grandes sources de stress est un secret que beaucoup de gens portent en eux toute leur vie :

Le dégoût de soi-même; se sentir incapable, sans espoir, sans valeur et indigne d'être aimé.

Je suis toujours stupéfié de voir comment la plupart des gens sont capables de s'infliger une bonne dose d'autodestruction chaque matin. En se levant, ils se regardent dans le miroir et s'accablent de critiques : « gros visage », « gros bras », « grosses cuisses », « grosses fesses ».

Ensuite, ils passent la journée à se demander pourquoi ils n'ont pas plus confiance en eux.

Dans le cadre de mes séminaires sur la perte de poids, je propose un exercice dans lequel j'aide les gens à arrêter de s'autoflageller et à commencer à s'apprécier. Je demande à un volontaire de venir se regarder dans un miroir sur la scène et de partager avec l'auditoire ce qu'il pense de ce qu'il voit. Un jour, une jolie dame qui avait accepté de se prêter à l'exercice s'est traitée de « grosse baleine ».

Bien sûr, de nombreux participants ont éclaté de rire parce qu'ils pouvaient très bien s'identifier avec elle. J'ai demandé à la dame comment elle réagirait si une personne s'avançait vers elle dans la rue et la traitait de « grosse baleine ». Elle m'a répondu qu'elle la giflerait sans doute. Ainsi, elle n'accepterait pas l'injure si celle-ci venait de quelqu'un d'autre, mais venant d'elle-même, oui.

L'une des règles d'or pour vivre harmonieusement en société est : « Traite les autres comme tu voudrais que l'on te traite ». Je propose maintenant la « règle platine » suivante :

Traite-toi comme tu aimerais que les autres te traitent.

Si quelqu'un nous insultait aussi ouvertement et cruellement que nous osons nous insulter nous-mêmes – « Je suis tellement stupide », « Je suis nulle », « Ma présence ici est un gaspillage d'espace », « Mon Dieu ! je suis pathétique » –, ou nous punissait aussi impitoyablement que nous le faisons – « Je ne peux pas croire que j'ai mangé du dessert ; eh bien ! je vais m'entraîner jusqu'à en vomir, ça m'apprendra... » –, nous crierions, poing levé, à l'injustice et au manque de respect.

Pour se motiver à perdre du poids, il existe des manières plus saines que de se répéter qu'on est nul. En comprenant le réflexe destructeur que vous avez développé, c'est-à-dire manger pour combler un vide émotionnel, vous réduisez le pouvoir qu'il a sur vous et vous vous donnez la chance de le vaincre.

Quand vous avez le moral à plat, vos parents et amis voient quand même vos forces et vos qualités, même si vous n'y arrivez pas. Vous pouvez utiliser cet exemple pour entamer le processus qui vous mènera à l'amour et à l'acceptation entière de vous-même. Voici un exercice qui vous aidera à changer le cercle vicieux de l'autoflagellation, dans lequel trop de gens s'enlisent.

Une personne qui vous aime

Avant de commencer cet exercice, prenez d'abord connaissance de chacune des étapes suivantes :

1. Fermez les yeux et pensez à une personne qui vous aime ou qui vous estime beaucoup. Rappelez-vous son allure, et imaginez que cette personne se trouve devant vous.
2. Sortez doucement de votre corps et glissez-vous dans celui de cette personne qui vous aime. Regardez-vous à travers ses yeux, entendez ce qu'elle entend et sentez l'amour et les bons sentiments qu'elle a pour vous. Remarquez bien les qualités que cette personne vous trouve et ce qu'elle aime de vous. Prenez connaissance de ces atouts formidables que vous n'aviez peut-être encore jamais cru posséder.
3. Retournez dans votre propre corps et prenez le temps de savourer ces bons sentiments et de vous sentir aimé et apprécié tel que vous êtes. Vous pouvez garder ce profond sentiment de bien-être pendant des heures et refaire l'exercice dès que vous voudrez le raviver. Plus vous le répéterez, plus il deviendra facile à réaliser et, à la longue, le sentiment d'aimer et d'être aimé deviendra presque automatique.

La forme naturelle de votre corps

Saviez-vous que moins de 1 % des femmes dans le monde ont le potentiel génétique d'avoir un corps de top-modèle ?

Le corps est naturellement muni d'un plan pour lui assurer une santé optimale. Les êtres humains sont conçus pour mesurer moins de deux mètres, et c'est pourquoi nous arrêtons de grandir à la fin de l'adolescence. Le corps a également une forme naturelle. Des gens me disent qu'ils n'aiment pas leur corps et qu'ils font tout ce qu'ils peuvent pour ne pas en tenir compte. Ce qu'ils ne réalisent pas, c'est qu'il faut justement y porter attention. Si vous voulez changer l'allure que vous avez, vous devez d'abord être en paix avec le corps que vous avez. D'ailleurs, plus vous l'accepterez, plus vous serez étonné de voir comment il est facile de l'améliorer.

En conclusion :

Vous devez accepter et aimer le corps que vous avez afin d'obtenir le corps que vous voulez.

Anorexie, boulimie et dysmorphie corporelle

Les techniques présentées dans ce livre peuvent faire une véritable différence dans l'estime que vous avez de vous-même et les gestes que vous faites pour prendre soin de vous. Toutefois, si vous souffrez d'un trouble alimentaire majeur, ***il faut impérativement recourir aux services d'un professionnel de la santé qualifié****.*

Bien que les personnes anorexiques ou boulimiques soient souvent terriblement maigres, elles se répètent qu'elles sont grosses et s'envoient toutes sortes d'insultes lorsqu'elles se regardent dans le miroir.

Certaines scrutent obsessivement à la loupe des aspects autrement imperceptibles d'elles-mêmes et concentrent sur cette partie infime toute la haine qu'elles se portent. D'autres peuvent se percevoir beaucoup plus grandes ou plus larges qu'elles ne le sont réellement, un peu comme quand on se regarde dans les miroirs déformants des fêtes foraines. Cette image de soi déformée, qu'on appelle dysmorphie corporelle, empêche les gens d'aimer la vie et de manger suffisamment. Ce trouble peut avoir des conséquences désastreuses sur la santé et même être fatal.

Dans le cadre d'une émission télévision, j'ai travaillé avec une femme qui, bien que ravissante, était incapable de se voir dans un miroir sans éclater en sanglots. Elle disait avoir essayé en vain toutes les thérapies qui existent. Elle a réussi enfin à vaincre ce trouble terrible dont elle souffrait depuis toujours en appliquant les techniques que je suis sur le point de vous enseigner. En moins d'une heure, elle a été capable de se regarder dans le miroir avec confiance et même de se trouver belle.

Je lui ai demandé de se souvenir d'une occasion où elle avait reçu un compliment. Elle avait beau fouiller sa mémoire, elle n'en trouvait aucune.

Comme son conjoint était présent, j'ai suggéré à la participante de penser à des mots gentils qu'il lui avait déjà dits. « Ah ! j'aimerais bien, mais j'attends toujours », m'a-t-elle rétorqué. L'homme a paru étonné et blessé de ce commentaire et il a répliqué : « Mais je te complimente tout le temps ! ».

Avant qu'elle ait la chance de le contredire, je suis intervenu en disant que je le croyais.

L'image que nous avons de nous-mêmes sert de filtre et ne nous permet de recevoir que ce qui correspond à la personne que nous pensons être. Étant donné que cette femme avait une pauvre estime d'elle-même, elle rejetait tous les compliments qu'on pouvait lui faire, parce qu'ils ne collaient pas à la personne qu'elle croyait être.

Le moment le plus touchant de cette séance est survenu à la fin de l'émission. La dame vivait avec son conjoint depuis plusieurs années et ils avaient un enfant, mais ils ne s'étaient jamais mariés parce qu'elle ne supportait pas l'idée qu'une foule de gens la regardent le jour de son mariage étant donné qu'elle était convaincue d'être laide.

Après qu'elle ait appris à chasser enfin le dégoût qu'elle avait d'elle-même, je lui ai demandé comment elle entrevoyait maintenant l'idée de se marier. Elle s'est tournée vers son compagnon en souriant et a dit : « Eh bien, il suffit de m'en faire la demande et je dirai oui ». Elle était enfin capable d'accueillir l'amour que cet homme lui offrait depuis des années.

Le miroir amical

Tout le monde reçoit des compliments de temps en temps. Certains peuvent être banals : « Hé ! tu sembles être en pleine forme » ou « Tu es très jolie aujourd'hui ». D'autres, plus marquants : « Tu es une femme très sexy », ou « Sais-tu combien les gens t'admirent ? ».

Les témoignages sincères et positifs des autres, qu'autrefois vous n'étiez peut-être pas capable d'accueillir à cause de l'image dévalorisante que vous aviez de vous-même, vont petit à petit vous amener à apprécier davantage vos qualités et à augmenter votre amour-propre.

Les trois techniques que je m'apprête à vous décrire vont vous aider à vous aimer de plus en plus chaque fois que vous vous regardez dans le miroir. Lisez plusieurs fois la description de chacune de ces techniques jusqu'à ce que vous en connaissiez les étapes par cœur, puis appliquez-les. Le processus complet ne vous prendra qu'une dizaine de minutes et vous pourrez le répéter aussi souvent que vous le voudrez.

Le miroir amical — Première partie

Avant de commencer cet exercice, prenez d'abord connaissance de chacune des étapes suivantes :

1. Pensez à une personne qui, selon vous, aime ce qu'elle voit lorsqu'elle se regarde. Vous n'avez pas besoin d'en être sûr, mais vous devez au moins soupçonner que cette personne pense ou dit de belles choses d'elle-même quand elle se voit dans le miroir.

2. Imaginez maintenant que votre idéal de beauté est devant vous. Visualisez son allure, sa posture et autant de détails que vous le pouvez.

3. Ensuite, fermez les yeux et imaginez que vous vous glissez dans la peau de cette personne. Imitez sa posture, voyez à travers ses yeux et sentez la confiance et la joie que lui procure son estime d'elle-même.

4. Visualisez l'effet effervescent de ces bons sentiments et imaginez cette fébrilité monter jusqu'à votre tête puis descendre jusqu'au bout de vos orteils, jusqu'à ce que vous soyez entièrement habité par cette agréable sensation.

5. Enfin, tout en conservant cette agréable fébrilité, placez-vous devant un miroir et regardez-vous dans les yeux. Ne regardez aucune autre partie de votre corps. Continuez

simplement à vous regarder dans les yeux pendant au moins deux minutes. Cet exercice qui rétablit le filtre perceptif de votre conscience fera en sorte que vous vous perceviez plus clairement à l'avenir.

Lorsque vous serez à l'aise avec la première étape, passez à la suivante :

Le miroir amical — Deuxième partie

Avant de commencer cet exercice, prenez d'abord connaissance de chacune des étapes suivantes :

1. Placez-vous devant un miroir, fermez les yeux et rappelez-vous une occasion où une personne que vous estimez et respectez vous a adressé un compliment. Il n'est pas nécessaire que vous ayez cru à ce compliment au moment où vous l'avez reçu, mais il faut que vous ayez confiance en la sincérité de cette personne. Repensez à tous les détails de cet événement.
2. En vous rappelant le compliment et la sincérité de la personne qui vous l'a fait, portez une attention particulière à la confiance et à l'estime que vous avez envers cette personne.
3. Lorsque ce souvenir devient bien vif dans votre esprit, ouvrez les yeux, regardez-vous dans le

miroir et voyez ce que cette personne a vu en vous. Permettez-vous de voir ce que quelqu'un d'autre perçoit de vous et de ressentir l'effet que cela fait.

4. Enfin, imaginez prendre une photo de vous, constituez une image mentale de vous-même. Visualisez maintenant que vous placez cette photo dans votre cœur. Gardez-la de manière à pouvoir la regarder chaque fois que vous voudrez vous rappeler comment vous pouvez vous sentir bien.

Lorsque vous serez à l'aise avec la deuxième étape, passez à la suivante :

Le miroir amical — Troisième partie

Avant de commencer cet exercice, prenez d'abord connaissance de chacune des étapes suivantes :

1. Chaque jour, passez au moins une minute à vous examiner devant le miroir. Idéalement, faites cet exercice nu, mais, si vous ne vous sentez pas à l'aise de le faire ainsi au début, portez n'importe quel vêtement qui révèle la forme générale de votre corps.

2. Soyez attentif aux pensées qui vous viennent, que ce soit : « Cet exercice est ridicule », « Ah ! je déteste mes cuisses » ou « Ouais... pas mal. Pas mal du tout ! »
3. Envoyez de l'amour, de l'approbation et de l'énergie positive à la personne que vous voyez dans le miroir. Faites-lui savoir que vous êtes avec elle, que vous la soutenez et que l'amour que vous lui portez ne dépend aucunement de la grosseur de ses cuisses.

Souvenez-vous d'utiliser ces techniques chaque jour et ne vous étonnez pas si des résultats se font sentir rapidement. Le simple fait de passer de la haine de soi à l'acceptation de soi change profondément la vie de beaucoup de personnes. Un jour, vous en viendrez à vous aimer profondément ; vous observerez alors des changements encore plus considérables.

Lorsque vous commencerez activement à satisfaire vos besoins émotionnels, vous verrez votre faim émotionnelle diminuer peu à peu. Il vous deviendra plus facile et plus naturel de manger seulement lorsque vous avez réellement faim, comme il se doit. Vous dégagerez une confiance en vous qui vous rendra remarquable et attirant. Puis, au fil des jours, vous vous adonnerez tout naturellement aux choses que vous ne pouviez autrefois que rêver de faire.

FOIRE AUX QUESTIONS À PROPOS DE

« Vaincre l'alimentation émotionnelle »

Q. J'ai toujours faim et on m'a dit qu'on ne pouvait rien faire pour m'aider, que j'allais simplement devoir m'y habituer. Est-ce possible que mon problème soit en partie émotionnel ?

J'irais jusqu'à dire qu'il est complètement émotionnel. Le surplus de poids est presque toujours un symptôme et le stress en est quasi toujours la cause.

La plupart des livres et des programmes vous dictent ce que vous devriez ou ne devriez pas manger. Cela revient à essayer de réparer une jambe cassée en disant à la personne blessée qu'elle n'aurait pas dû tomber ! Au lieu de vous éloigner de vous-même et de vous fier à de soi-disant experts en régimes alimentaires pour savoir quoi manger, rapprochez-vous plutôt de vous-même pour comprendre ce qui vous dévore.

La prochaine fois que vous vous sentirez accablé, triste, en colère, seul ou effrayé, écoutez le CD ou faites les exercices présentés dans ce chapitre. Cela vous apaisera instantanément. Donnez-vous de l'amour inconditionnel. Acceptez-vous. Ensuite, si vous avez encore une envie irrépressible de manger, ce sera sans doute parce que vous avez réellement faim !

Q. Je fais de grands progrès, mais il m'arrive encore d'avoir l'irrépressible envie de dévorer un paquet complet de biscuits. Que dois-je faire dans ces moments-là ?

Tant que vos vieilles habitudes n'auront pas complètement disparu, il est normal que de telles envies vous assaillent à l'occasion. Consultez alors le chapitre six de mon livre et appliquez les techniques qui y sont décrites pour contrecarrer immédiatement votre envie de vous empiffrer !

L'histoire de Maureen

Maureen Edwards

Nombre de livres perdues : 280

Avant

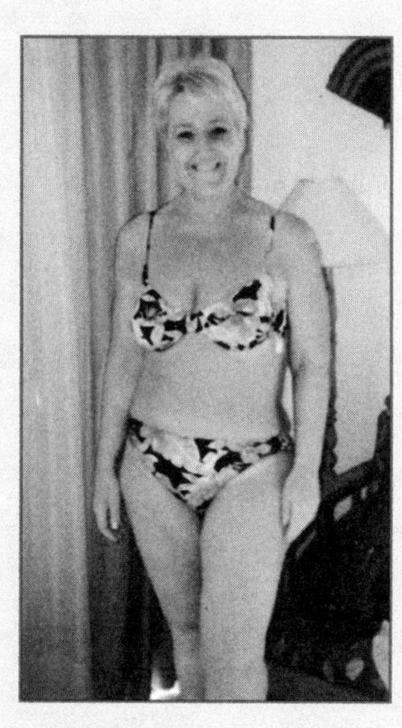

Après

Un jour, j'étais à un barbecue. Il y avait foule. J'ai rempli mon assiette d'une montagne de nourriture, puis je me suis assise à une chaise que ma sœur m'avait désignée. Quand j'ai voulu me lever, je n'ai pas pu en sortir. J'étais coincée dans la chaise, dont le plastique s'affaissait sous mon poids. Tout le monde riait et j'ai tenté de rire moi aussi, mais j'étais humiliée. Mon mari et un ami ont dû m'aider à sortir de cette fâcheuse position en cassant les bras de la chaise.

En route vers la maison, je pleurais dans la voiture quand soudain j'ai décidé que j'allais faire quelque chose pour remédier à mon problème de poids. Une amie m'avait parlé des CD de Paul McKenna et m'avait conseillé de les écouter. J'étais prête à faire n'importe quoi, quoique je pensais que ça ne fonctionnerait sûrement pas, comme toutes les autres méthodes que j'avais jusque-là essayées. Mais une petite lueur d'espoir m'a permis de garder le cap sur mon objectif.

Le lendemain, je me suis procuré les CD, puis je me suis installée pour les écouter et je peux dire en toute honnêteté que, ce jour-là, ma vie a changé.

Depuis, j'écoute les messages hypnotiques de Paul McKenna chaque soir en allant au lit! Je suis devenue directrice d'un centre sportif et je participe régulièrement à des cours d'aérobique. Il m'arrive parfois de repenser à cette période de ma vie où je n'étais même pas capable d'atteindre mon propre derrière pour l'essuyer. Je sais que cet exemple est dégoûtant, mais il illustre à quel point j'étais grosse. Je suis passée de 420 livres à 140 livres en moins en 2 ans. Chaque jour, je me réjouis de tout ce que cela a changé dans ma vie. J'aide dorénavant d'autres personnes à se réaliser. Je suis une excellente motivatrice. Si j'ai réussi à perdre autant de poids, n'importe qui peut le faire.

Maureen a perdu 280 livres en 24 mois. En général, les personnes qui utilisent cette méthode perdent en moyenne 1 ou 2 livres par semaine.

5.

Rendez facile l'exercice et stimulez votre métabolisme

Déboulonnons le mythe du métabolisme

Il vous est peut-être déjà arrivé d'entendre quelqu'un parler de son incapacité de perdre du poids à cause de son métabolisme « lent ».

Votre métabolisme, c'est la vitesse à laquelle votre corps produit de l'énergie. Plus votre métabolisme est rapide, plus votre corps agit rapidement. Cela s'applique à toutes ses fonctions, qu'il s'agisse d'ajuster la température de votre corps, de faire pousser vos ongles ou de brûler tout excès de graisse.

On appelle « métabolisme de base » le rythme auquel votre métabolisme fonctionne actuellement. C'est le facteur principal qui détermine le nombre de calories que votre corps brûlera durant la journée.

L'un des plus grands mythes entourant la perte de poids est celui du métabolisme, qui se résume ainsi :

Certaines personnes ont plus de difficulté que d'autres à perdre du poids à cause de leur métabolisme de base, qui est prédéterminé génétiquement.

Les recherches scientifiques les plus récentes à ce sujet démontrent que le métabolisme de base n'est pas fixé. Il peut changer et il changera tout au long de votre vie en fonction de votre manière de vous alimenter et d'utiliser votre corps.

La Dre Susan Jebb compte parmi les plus grands spécialistes de la Grande-Bretagne qui étudient l'obésité. Alors qu'elle était invitée à l'une de mes émissions de télévision, elle a parlé ainsi du métabolisme :

« Quand les gens se mettent à la diète, leur métabolisme change. Le corps sait qu'il ne reçoit pas autant de nourriture, autant de carburant qu'il en a besoin. La diminution du métabolisme de base que l'on observe chez les gens qui suivent un régime vient essentiellement d'une réaction évolutive aux périodes de grande famine de l'histoire humaine. Lorsque la nourriture se faisait rare, il était logique de conserver l'énergie emmagasinée ; en conséquence, le métabolisme de base a appris à ralentir dans de pareilles circonstances. »

Autrement dit, il est possible qu'une personne ait réellement un métabolisme lent. Toutefois, la raison pour laquelle celui-ci est lent est que cette personne a contribué à son ralentissement en s'astreignant à des régimes ! Pour tenter de conserver son énergie lorsque vous êtes à la diète, votre organisme ralentit à un rythme minimum. Vous vous sentez alors léthargique et vous n'avez aucune envie de faire de l'exercice ou une quelconque activité.

Pire encore, le peu de masse musculaire dépourvue de graisse que vous avez disparaîtra, car votre corps s'autoconsommera littéralement pour produire l'énergie supplémentaire dont il a besoin pour fonctionner. Autrement dit, même si le pèse-personne indique temporairement que vous avez perdu du poids, vous ne perdez pas le bon type de poids : vous perdez vos muscles.

Perdre sa masse musculaire n'est pas souhaitable, parce que ce sont les muscles dépourvus de graisse qui contrôlent votre métabolisme de base, c'est-à-dire le nombre de calories que votre corps est capable de brûler quand vous êtes assis au bureau ou couché dans votre lit.

Il y a peu de choses dont on soit sûr, mais en voici une :

Si vous continuez à suivre des régimes, vous prendrez du poids et le garderez toute votre vie.

Mais si vous mangez quand vous avez faim, votre corps finit par comprendre qu'il y a une abondance de carburant à sa disposition. Cela stimule votre métabolisme de manière que l'énergie puisse être utilisée de façon rapide et efficace. Comme votre corps sait que l'énergie peut être renouvelée lorsqu'il en a besoin, il ne cherche pas à emmagasiner des réserves de graisse. Par conséquent, non seulement vous paraissez mince, mais vous êtes également rempli d'énergie.

Dans le reste de ce chapitre, je vais vous enseigner des façons saines d'accélérer votre métabolisme, et aussi comment le stimuler fortement pour vous permettre de brûler davantage de graisse et de calories au cours de la journée, et même pendant que vous dormez !

La vérité à propos de l'exercice

J'ai demandé à la Dre Jebb s'il y avait un secret pour stimuler au maximum le métabolisme. Voici ce qu'elle a répondu :

« Tout ce que vous avez à faire, c'est d'arrêter de vous affamer et de vous mettre à bouger davantage. Votre métabolisme va aussitôt s'accélérer. La meilleure façon de stimuler votre métabolisme, c'est de devenir plus actif. S'assoir sur une chaise demande plus d'énergie que de rester allongé. Se tenir debout demande plus d'énergie que de rester assis. Marcher ou monter des escaliers, bref, toutes ces activités contribuent à stimuler votre métabolisme et vos besoins en énergie. Vous pouvez presque doubler votre métabolisme de base en étant très actif. »

En résumé, faire de l'exercice régulièrement permettra presque de doubler le rythme de votre métabolisme. Mais, avant de lever les bras au ciel en signe de découragement, sachez que l'exercice correspond simplement à :

Toute activité qui vous fait respirer plus fort que d'habitude ou qui fait battre votre cœur plus vite.

Pouvez-vous penser à des manières agréables d'augmenter votre rythme cardiaque et de respirer plus fort que vous ne le faites maintenant ?

Si votre réponse est oui, c'est que vous êtes déjà sur la bonne voie pour que l'exercice soit agréable et partie intégrante de votre vie.

Quand je demande à des gens ce qu'est, selon eux, l'exercice, ils me parlent souvent spontanément de la course à pied sur piste ou d'haltérophilie. Donc, quand ils me disent qu'ils ne font jamais d'exercice, cela me fait beaucoup rire. Je leur demande alors : « Ne descendez-vous pas du lit, le matin ? Vous marchez dans la maison, non ? Vous arrive-t-il de sortir de chez vous ? Est-ce que quelqu'un vous porte, ou le faites-vous par vous-même, sur vos deux jambes ?... »

Le point que je tiens à souligner, c'est que vous faites déjà de l'exercice chaque jour, juste en bougeant. La clé pour stimuler votre métabolisme (donc pour accélérer le rythme auquel votre corps brûle les calories et la graisse) est de bouger un peu plus que vous ne le faites habituellement. Dans la vie, on dit souvent : « *On n'a rien sans rien* », mais, en ce qui concerne l'exercice, on devrait plutôt dire :

On n'a rien sans effort, mais, avec un peu d'effort, on obtient de grands résultats.

Jetons un œil sur d'autres bienfaits de l'exercice. Selon certaines études, les personnes qui font de l'exercice de façon régulière non seulement perdent du poids, mais aussi se sentent merveilleusement bien. La raison en est simple : faire de l'exercice libère l'un des meilleurs remèdes pour réduire le stress, c'est-à-dire vos propres endorphines. Voici comment cela fonctionne...

Votre corps ne distingue pas une menace émotionnelle d'une menace physique. Donc, même si vous êtes juste en train de vous inquiéter pour des choses banales, votre corps se prépare à se battre ou à fuir pour se protéger, bien qu'il n'y ait pas lieu de le faire. Ainsi, le corps se met en état d'alerte, mais ne trouve aucun moyen de libérer la tension accumulée.

Chaque fois que vous vous adonnez à un exercice, vous aidez votre corps à relâcher la tension créée en réaction au stress, ce qui l'aide à se détendre et à préserver votre santé. De plus, le fait de s'adonner régulièrement à n'importe quel type d'exercice provoque une envie naturelle de se reposer, de se détendre et de récupérer, qu'on appelle aussi « la réaction parasympathique ».

Il s'agit de la sensation douce qui gagne vos muscles après un gros effort ou un mouvement vigoureux. Vous ressentez aussi une euphorie légère causée par la sécrétion d'endorphines, l'opiacé naturel du corps, ce qui a un effet positif sur votre humeur. En conséquence, votre état émotif est plus clair et vous êtes capable de mieux fonctionner, c'est-à-dire de vous concentrer, de vous détendre et de dormir profondément.

Donc, chaque fois que vous ne vous sentez pas à votre meilleur, vous pouvez facilement vous procurer un regain d'énergie en vous adonnant à un exercice stimulant durant 10 ou 15 minutes. Ce peut être n'importe quel mouvement, y compris la marche, pourvu qu'il accélère votre rythme cardiaque et vous fasse respirer plus fort que lorsque vous êtes au repos.

La meilleure façon d'échouer

Faire de l'exercice vous permet de développer vos muscles, de perdre du poids et de vous sentir bien. Cela contribue aussi à donner meilleur teint, à accroître la lucidité, à réussir de meilleures performances et à augmenter votre libido. Certaines hormones qui sont sécrétées lorsque l'on fait de l'exercice pourraient ralentir et même contrer le vieillissement.

Sachant tout cela, pourquoi ne faites-vous pas davantage d'exercice ?

C'est sans doute parce que, dans le passé, l'idée de faire de l'exercice vous rebutait. Juste à y penser, vous vous imaginiez vous époumoner sur une machine, écouter un instructeur d'aérobie surexcité crier : « Allez ! Il faut que ça fasse mal ! », ou vous apercevoir dans un miroir grand comme un mur, entouré de personnes tellement plus belles que vous que vous n'aviez qu'une seule envie : rentrer chez vous.

Ou peut-être avez-vous acheté un exerciseur. Dès le moment où vous l'avez commandé, vous avez commencé à vous sentir mieux. Et quand vous l'avez reçu quelques jours plus tard, vous l'avez déballé avec enthousiasme, convaincu que vous auriez bientôt le corps sculpté d'un mannequin. Un mois plus tard, l'objet de vos bonnes résolutions est devenu le portemanteau le plus coûteux au monde. C'est connu, la plupart des gens finissent par empiler de plus en plus de vêtements sur leur exerciseur jusqu'à ce qu'il soit si bien caché qu'ils n'ont plus à le regarder et à se culpabiliser de ne pas l'utiliser.

Le problème est que vous n'avez pas encore associé le plaisir à l'idée de faire de l'exercice.

C'est pourtant très simple. Si vous voulez réussir à faire de l'exercice régulièrement, vous devez avoir du plaisir à bouger, autant pendant l'activité que par la suite. Vous continuerez à vous convaincre que vous devriez faire de l'exercice et à vous culpabiliser de ne pas vous y mettre jusqu'à ce que vous l'ayez associé à une idée positive.

La technique dont je m'apprête à vous faire part consiste à rendre plus attrayante l'idée de bouger votre corps. Nous utiliserons le pouvoir psychologique de la visualisation et l'association d'idées pour susciter une forte motivation à faire de l'exercice, que vous pourrez ensuite reproduire à votre guise.

Pour débuter, il faut que vous trouviez un point déclencheur ou un point d'ancrage qui vous permettra de vous sentir bien quand vous le voudrez. Comme vous avez déjà utilisé le pouce et le majeur de votre main droite, joints ensemble, pour créer un état de calme, vous pouvez utiliser cette fois-ci votre main gauche, ou encore votre main droite si vous préférez joindre le pouce et un doigt autre que le majeur. Cette technique étant simple et discrète, vous pouvez la reproduire n'importe où.

Le pouvoir de la motivation — Première partie

Dans un instant, vous allez vous remémorer des occasions où vous vous êtes senti parfaitement motivé, ou à quelque chose que vous avez beaucoup aimé faire. Ensuite, je vous aiderai à associer ces sentiments à une pression de vos doigts, et ce, en répétant à plusieurs reprises ce geste en même temps que vous repenserez à ce qui vous a déjà motivé.

Avant de commencer cet exercice, prenez d'abord connaissance de chacune des étapes suivantes :

1. Sur une échelle de 1 à 10, évaluez votre degré de motivation à faire de l'exercice physique : 1 représentant le degré le moins élevé et 10, le plus élevé.
2. Pensez à quelque chose qui vous motive déjà beaucoup. Ce peut être votre passe-temps favori, une cause politique, passer du temps avec votre famille ou une personne que vous aimez. Si rien ne vous vient à l'esprit spontanément, demandez-vous quel serait votre degré de motivation à aller chercher votre chèque si vous aviez gagné à la loterie. Ou à sauver la vie de votre meilleur ami. Si la personne que vous trouvez la plus belle au monde vous invitait à sortir, accepteriez-vous ?

3. Quel que soit ce qui vous motive ces temps-ci, j'aimerais que vous vous efforciez de visualiser cette activité, en l'imaginant en détail comme si vous étiez en train de vous y adonner. Voyez ce que vous verriez, écoutez ce que vous entendriez et ressentez les sensations que vous procure le fait d'être motivé. Maintenant, prenez connaissance de tous les détails de cette scène. Imaginez les couleurs plus vives et plus éclatantes, les sons plus cristallins et les sentiments plus intenses. À mesure que ces sentiments agréables s'intensifient, appuyez votre pouce contre votre majeur.

4. Continuez à vous repasser mentalement ce film sur ce qui vous motive. Aussitôt qu'il finit, recommencez en vous assurant chaque fois d'appuyer votre pouce contre votre majeur dès que vous ressentez l'agréable sensation d'être motivé. Voyez ce que vous avez vu, écoutez ce que vous avez entendu et ressentez cette motivation.

5. Arrêtez! Relâchez vos doigts et faites quelques pas pour vous étirer et vous détendre un peu.

Êtes-vous prêt à tester le point déclencheur de votre motivation? Appuyez votre pouce contre votre majeur et revivez ces sentiments agréables. Sachez que la sensation ne sera peut-être pas aussi intense, mais vous pouvez augmenter votre degré de motivation chaque fois que vous répétez cet exercice.

Le pouvoir de la motivation — Deuxième partie

Avant de commencer cet exercice, prenez d'abord connaissance de chacune des étapes suivantes:

1. Le temps est venu de créer un lien entre le sentiment d'être motivé et la capacité de bouger aisément. Appuyez votre pouce contre votre majeur et rappelez-vous la sensation que vous éprouvez quand vous êtes motivé. Ensuite, imaginez-vous bouger votre corps sans effort tout au long de la journée. Imaginez encore que tout ce que vous faites se déroule exactement comme vous le voulez et songez aussi à d'autres possibilités de vous mouvoir avec grâce. Voyez ce que vous verriez, écoutez ce que vous entendriez et ressentez comme ce serait agréable. Dès que vous terminez cet exercice de visualisation, recommencez-le tout en joignant votre pouce et votre majeur et en faisant toujours le lien entre la motivation et le fait de bouger votre corps.

2. Enfin, sur une échelle de 1 à 10, évaluez votre degré de motivation à faire bouger votre corps. Plus la note est élevée, plus vous trouverez facile d'intégrer l'exercice physique dans votre routine quotidienne. Plus la note est basse, plus vous devrez répéter l'exercice précédent. Vous

pouvez également écouter le CD d'hypnose qui accompagne ce livre aussi souvent que vous le voulez. Plus vous l'écouterez, plus vous deviendrez motivé à faire de l'exercice.

Des étapes simples pour assurer le succès

Le corps humain est composé de muscles conçus pour être utilisés. De nos jours, bon nombre d'entre nous travaillent assis à un bureau et se déplacent en voiture, en autobus ou en train. Nous utilisons donc beaucoup moins nos muscles que nos ancêtres. Nous avons hérité de tous les gènes sains qui permettent de se mettre en forme et de stimuler notre métabolisme, mais nous avons perdu l'habitude de les utiliser autant et aussi souvent que nous le pourrions.

Le Dr James Hill, chercheur et auteur, a découvert, dans le cadre d'une étude, que le nombre moyen de pas par jour que font les femmes âgées de 18 et 50 ans se situe légèrement au-dessus de 5 000 (chez les hommes, la moyenne est d'environ 6 000). Un autre fait très intéressant que l'étude a dévoilé est que les personnes souffrant d'un excès de poids font entre 1 500 et 2 000 pas de moins que celles qui maintiennent un poids santé.

Pensez-y un instant : seulement 2 000 pas de plus par jour peuvent faire la différence entre un excès de poids et un poids santé ! En ville, cela représente l'équivalent de quatre pâtés de maisons. Plus vous faites de pas et plus vous brûlez des calories, ce qui stimule votre métabolisme, qui continuera à brûler de la graisse dans votre corps pendant votre période de repos ou votre sommeil.

La plupart des médecins recommandent de faire au moins 10 000 pas par jour. Or, j'ai rencontré des gens qui ont réussi à perdre une quantité de poids considérable en augmentant ce chiffre jusqu'à 20 000 pas par jour.

Si vous voulez connaître le nombre de pas que vous faites chaque jour, vous pouvez acheter un podomètre (un compte-pas) pour seulement deux dollars dans presque tous les magasins d'articles de sport. Il suffit de l'attacher à vos vêtements lorsque vous vous habillez le matin et le podomètre se mettra automatiquement à compter vos pas. Tâchez d'augmenter progressivement votre moyenne en faisant 2 000 pas de plus par semaine jusqu'à ce que vous atteigniez un objectif que vous serez capable de maintenir.

Peu importe l'ampleur du changement que vous souhaitez réaliser, n'oubliez pas que vos progrès se feront un jour à la fois. Et pas besoin d'entreprendre un programme d'exercice officiel (à moins que vous vouliez clarifier votre teint, être de meilleure humeur et avoir une vie sexuelle plus active). L'important, c'est de bouger. Activez-vous chaque fois que vous en avez l'occasion. Utilisez l'escalier au lieu de l'ascenseur. Garez votre voiture plus loin du bureau et marchez 2 000 pas de plus pour vous rendre au travail. Bougez. Dansez. Jouez. Faites du sport. Amusez-vous ! Vous avez un seul corps, alors prenez-en soin et utilisez-le !

FOIRE AUX QUESTIONS À PROPOS DE

« Rendez facile l'exercice et stimulez votre métabolisme »

Q. Est-il possible de perdre du poids sans faire de l'exercice ?

Absolument. Pourvu que vous mangiez quand vous avez faim, que vous mangiez ce dont vous avez réellement envie, en savourant chaque bouchée, et que vous arrêtiez de manger dès que vous êtes rassasié, vous perdrez du poids.

Mais souvenez-vous qu'il est quasi impossible de ne faire aucun exercice, à moins que la maladie vous cloue au lit. Et encore là, vous respirez, ce qui est déjà une forme d'exercice... Donc, si vous considérez combien il est facile d'accélérer votre perte de poids en bougeant juste un peu plus que d'habitude, pourquoi choisiriez-vous d'emprunter la façon lente de maigrir ?

Q. Combien de temps faudra-t-il pour stimuler mon métabolisme ?

Votre métabolisme commencera à accélérer dès l'instant où vous commencerez à suivre les quatre règles d'or énoncées dans mon livre. En intégrant peu à peu l'exercice dans votre routine, vous le stimulerez encore davantage. Mais soyez patient et bon envers vous-même ! Certaines personnes ayant décidé de perdre du poids commencent à s'affamer, à faire de la marche rapide et à aller s'entraîner au centre sportif dans la même journée. Puis, voyant qu'elles ne perdent pas de poids immédiatement (parce qu'elles poussent leur corps en mode de survie sans le savoir), elles décident que c'est trop difficile et abandonnent leur projet.

On peut accomplir n'importe quelle tâche, pourvu qu'on la divise en étapes suffisamment petites. Voilà pourquoi il est si important de choisir un type d'exercice qui nous convient et de s'y adonner à une fréquence et pendant une durée correspondant à nos capacités. Ainsi, on le réussit plus facilement et ensuite on peut en augmenter la fréquence, la durée et l'intensité peu à peu chaque semaine. Cela permet d'avoir un sentiment de maîtrise à chaque étape du processus.

Après avoir réussi les trois premières séances, vous continuerez à faire de l'exercice toute votre vie !

L'histoire d'Yvonne

Yvonne Meaney

Nombre de livres perdues : 91

Avant

Après

Au fil des années, je me suis souvent mise à la diète. Je perdais du poids, puis je le reprenais avec quelques livres en plus. Je suis donc devenue de plus en plus lourde. En 2005, je pesais plus de 225 livres, j'étais malheureuse et convaincue que je serais grosse toute ma vie.

Mon mari a perdu du poids au moyen du livre et du CD de Paul McKenna et il me disait d'essayer sa méthode. Je ne pensais pas que ça fonctionnerait pour moi. Puis, à Noël, j'étais assise sur le canapé, le chat dormait sur mes genoux et, comme il n'y avait rien d'intéressant à la télé, j'ai demandé à John de mettre un DVD pour qu'on regarde un film. À mon insu, il a placé le DVD de Paul McKenna dans le lecteur et a dit: "Tiens, regarde ça!" Je ne voulais pas déranger le chat, alors j'ai renoncé à me lever pour changer le disque et je l'ai regardé en me disant qu'au moins, mon mari allait enfin arrêter de m'embêter avec cette histoire!

À ma grande surprise, les conseils que Paul McKenna prodiguait ont fait sens pour moi et j'ai commencé à suivre les règles d'or qu'il prône. Quand j'ai commencé à perdre du poids, j'ai réalisé que cette approche était différente des autres, alors je me suis décidée à lire le livre.

La partie de ce livre qui traite de l'exercice physique m'a incitée à commencer à marcher. Au début, je faisais 2000 pas de plus par jour et je me suis rendu compte que ça me plaisait. Au fil des jours et des semaines, mon pas accélérait et, finalement, j'en suis venue à courir. C'est devenu une routine. À force de courir régulièrement, j'ai perdu du poids et faire de l'exercice est devenu plus facile et donc plus agréable.

Dix mois plus tard, j'avais perdu 91 livres et je n'ai jamais plus regardé en arrière. Courir fait désormais partie de ma vie et j'ai participé à un bon nombre de courses. Dernièrement, j'ai terminé mon premier marathon et j'ai l'intention d'en courir d'autres.

Cette approche a changé ma vie. Je n'ai jamais eu de difficulté à la suivre, et je n'ai plus jamais eu de rages de nourriture ou le sentiment misérable de me priver. Cela m'a donné une liberté totale face à la nourriture, je n'en suis plus esclave. Auparavant, je passais mon temps assise sur mon canapé, et maintenant je cours des marathons et je suis heureuse d'avoir dit adieu à mon surplus de poids !

Yvonne a perdu 91 livres en 10 mois. En général, les personnes qui utilisent cette méthode perdent en moyenne 1 ou 2 livres par semaine.

6.

Des techniques pour réprimer vos rages de nourriture

Que faire lorsque surviennent des rages de nourriture ?

L'une des principales craintes que les gens ont à propos de mon approche est d'en venir subtilement à détester leurs plats ou leurs aliments préférés et à continuer de se sentir en état de manque. C'est impossible. Vous l'avez vu dans les chapitres précédents, mon approche ne comprend AUCUN aliment interdit. C'est simple : pourvu que vous ayez faim et qu'un aliment vous fasse envie, vous pouvez le manger.

Cependant, si vous n'arrivez pas à arrêter de manger alors que vous êtes rassasié ou si vous êtes incapable de résister à un aliment même quand vous n'avez pas faim, c'est que vous ne maîtrisez pas la situation. Si vous devez absolument dévorer toute la boîte de chocolats ou engloutir le sac de croustilles jusqu'à la dernière miette, alors c'est la nourriture qui vous domine, et non l'inverse. Ce chapitre propose des techniques qui vous aideront à reprendre la maîtrise de votre corps, de vos habitudes alimentaires et de votre vie.

Si vous êtes de ces personnes victimes de l'envie irrépressible de manger, vous savez comment on se sent lorsqu'on éprouve le besoin de combler immédiatement ce besoin malsain. Contrairement à une faim plus générale, la plupart de ces envies viscérales visent un aliment en particulier, comme du chocolat, de la pizza, du gâteau au fromage...

Voici la chose la plus importante à retenir à ce sujet :

Toute rage de nourriture est un comportement acquis.

Et si vous l'avez acquis, vous pouvez aussi vous en débarrasser, possiblement même en l'espace de quelques minutes. Les pages qui suivent vous proposent deux techniques toutes simples pour y parvenir.
Avec la première, vous apprendrez comment désamorcer, et même enrayer, une rage de nourriture en moins de deux minutes, dès qu'elle survient. Avec la deuxième, vous apprendrez comment reconditionner votre pensée pour vous assurer qu'une rage particulière ne survienne plus jamais.

La technique du tapotement

Cette technique incroyable a été mise au point par le Dr Roger Callahan, auteur du livre *Stimulez votre guérisseur intérieur*.

Au cours d'une des émissions de télévision auxquelles j'ai participé pour parler de la perte de poids, une dame prénommée Lizzie a mentionné qu'elle buvait quatre litres de boissons gazeuses chaque jour. Nous lui avons demandé de se prêter à une expérience-choc : arrêter d'un seul coup de boire des boissons gazeuses. L'expérience a été très pénible pour Lizzie. Elle était en état de manque perpétuel et, après quelques jours, elle a commencé à se sentir déprimée.

Je lui ai alors enseigné la technique du tapotement du Dr Callahan. Après quelques minutes seulement, ses larmes avaient cessé et sa rage de boissons gazeuses disparu. Pour la première fois depuis longtemps, Lizzie a senti qu'elle retrouvait la maîtrise d'elle-même. Par la suite, lorsque son envie irrésistible revenait, tel que je lui avais dit que cela pouvait se produire, elle était capable de la désamorcer toute seule.

Le premier jour, elle a dû vaincre ses épisodes de rage en mettant en pratique la technique du tapotement au moins une douzaine de fois. Le lendemain, elle n'a eu à s'en servir que huit fois. Puis, avant la fin de la semaine, ses rages ne se manifestèrent plus qu'une ou deux fois par jour. Aux dernières nouvelles, Lizzie ne boit plus jamais de boissons gazeuses. Mieux encore, elle ne ressent plus le moindre désir de le faire depuis plus de deux ans.

Si vous éprouvez une envie viscérale de manger ou de boire quelque chose en particulier et voulez la freiner ou même l'enrayer immédiatement, suivez à la lettre les instructions qui suivent et votre rage disparaîtra. Ce processus peut vous sembler un peu étrange au début, mais il donne d'excellents résultats. Vous devrez être en mesure de vous concentrer durant quelques minutes, car il est important que vous pensiez très fort à l'aliment qui fait l'objet de vos rages.

L'exercice que je vous propose ici consiste à tapoter du bout des doigts certains points d'acupuncture sur votre corps. Il faut comprendre que toute rage de nourriture inscrit un code dans votre cerveau, un peu comme les codes d'un programme informatique. En vous concentrant sur l'aliment qui est à la source de vos envies incontrôlées pendant que vous tapotez chaque point dans la séquence décrite, vous réussirez à contourner puis à supprimer ce code de votre cerveau de manière à ne plus ressentir ces rages et à passer à autre chose de plus agréable dans votre vie.

Réprimer vos rages de nourriture – Première technique

La technique du tapotement

Avant de commencer cet exercice, prenez d'abord connaissance de chacune des étapes suivantes pour savoir exactement quoi faire :

1. Pensez à votre aliment ou plat préféré, que vous avez parfois une envie irrépressible d'engloutir. Évaluez cette envie sur une échelle de 1 à 10, 1 représentant l'envie la plus petite et 10, la plus grande. Cette évaluation est importante, parce que nous vérifierons dans un instant à quel point vous aurez réussi à la faire diminuer. Alors, sur une échelle de 1 à 10, où se situe votre rage d'engloutir cet aliment ?
2. Maintenant, avec deux doigts de votre main droite ou de votre main gauche (selon votre préférence), tapotez une dizaine de fois le creux situé sous votre clavicule, tout en continuant à penser à cet aliment qui vous fait saliver.
3. Ensuite, effectuez une dizaine de ces légers tapotements sous votre œil.

4. Puis, tapotez de nouveau le creux situé sous votre clavicule.

5. Placez votre autre main devant vous et tapotez le dos de celle-ci avec votre annulaire et votre auriculaire. Pendant ce temps, continuez toujours à penser à votre aliment de prédilection, tout en complétant les étapes suivantes :

   - Fermez les yeux et rouvrez-les.
   - Gardez la tête immobile et continuez la séquence de tapotements. Regardez ensuite en bas vers la droite, puis en bas vers la gauche.
   - Continuez les tapotements et faites faire une rotation de 360 degrés à vos yeux, dans le sens contraire des aiguilles d'une montre.

Tout au long de cet exercice, souvenez-vous de continuer à penser à votre aliment préféré qui vous occasionne des envies irrésistibles !

- Ensuite, fredonnez les premiers couplets de la chanson « Joyeux anniversaire ».
- Comptez de 1 à 5 à voix haute.
- Encore une fois, fredonnez les premiers couplets de la chanson « Joyeux anniversaire ».

6. Arrêtez et vérifiez où se situe maintenant votre rage de manger cet aliment, sur une échelle de 1 à 10?

Si cette envie n'a pas encore disparu, répétez simplement la séquence décrite ci-dessus jusqu'à ce que vous réussissiez à vous débarrasser de cette rage. Cela peut prendre deux ou trois fois avant de réussir, quoique la plupart des gens puissent diminuer considérablement leur rage dès le premier ou le deuxième essai. Vous réaliserez peut-être même qu'elle a déjà disparu.

Si cette rage de nourriture refait surface un jour, il vous suffira de répéter cet exercice aussi souvent que vous en aurez besoin, ou de passer à la deuxième technique, qui vous permettra de conditionner votre cerveau à ne plus jamais laisser cette envie jaillir.

Réprimer vos rages de nourriture – Deuxième technique

Le broyeur de compulsions alimentaires

La technique du tapotement que vous venez d'apprendre à maîtriser peut vous aider à réduire et, à force de l'utiliser, à éliminer vos rages de nourriture. Quant à la technique décrite ci-dessous, elle aide à enrayer certaines compulsions alimentaires en quelques applications.

J'enseigne régulièrement cette technique à la télévision ou dans mes séminaires pour aider des gens qui se disent dépendants du chocolat à perdre l'envie d'en remanger, et ce, en moins de deux minutes!

Je m'apprête à vous enseigner comment vous pouvez y parvenir aussi, c'est-à-dire comment vous pouvez perdre l'envie de manger un aliment en particulier. La plupart des gens choisissent le chocolat, le pain, les biscuits ou une autre gourmandise qui était d'abord une gâterie occasionnelle pour se faire plaisir et se remonter le moral, mais qui est devenue une bouée encombrante et lourde autour de leurs hanches et de leurs cuisses.

Rappelez-vous : n'utilisez cette technique que si vous voulez sincèrement arrêter de manger un aliment en particulier et en perdre l'envie à tout jamais ! Si vous voulez simplement diminuer cette envie, consultez de nouveau la technique du tapotement.

Avant de commencer cet exercice, prenez d'abord connaissance de chacune des étapes suivantes :

1. Pensez à un aliment que vous détestez, qui vous inspire du dégoût.

2. Ensuite, imaginez très précisément qu'il y a devant vous une assiette remplie de cet aliment que vous détestez. Imaginez-en l'odeur et le goût, songez que vous en mangez. En même temps, appuyez votre pouce contre votre auriculaire de la main droite ou gauche, selon votre préférence. Efforcez-vous d'imaginer dans votre bouche la texture et le goût de cette nourriture que vous avez en horreur, tout en continuant à joindre bien fort ces deux doigts, et ce, jusqu'à ce que vous vous sentiez dégoûté. Lorsque vous n'en pouvez plus et que vous avez quasiment le cœur au bord des lèvres, arrêtez-vous et détendez vos doigts.

3. Songez maintenant à l'aliment qui au contraire suscite en vous une envie irrépressible, mais que vous souhaitez arrêter de manger. Imaginez qu'il y en a une assiette pleine devant vous et examinez-en tous les détails.

4. Partez de cette image mentale, puis grossissez-la encore et encore, jusqu'à ce que vous la voyiez en gros plan, plus claire, plus vive. Grossissez-la encore, jusqu'à ce qu'elle soit plus grande que vous, et plus encore.

Amenez-la très près de vous, puis visualisez-la passer à travers vous et ressortir de l'autre côté. (La plupart des gens disent qu'au début ils ont trouvé un peu étrange de visualiser un aliment passant à travers leur corps comme un fantôme traversant un personnage de la série *Harry Potter*.)

5. Êtes-vous prêt ? Pincez votre pouce et votre petit doigt ensemble et souvenez-vous du goût de l'aliment que vous détestez, tout en vous imaginant aussi manger quelques bouchées de l'aliment dont vous raffolez. Imaginez maintenant que le mets que vous adorez est mélangé à celui que vous détestez et que vous les mangez tous les deux ensemble. Continuez à imaginer le goût et la texture de ces deux extrêmes mélangés. Imaginez-vous en mastiquer une grosse portion. Mentalement, avalez chaque bouchée en continuant à appuyer votre pouce contre votre auriculaire. Allez-y, mangez, mangez, encore et encore, jusqu'à ce que vous n'en pouviez plus, puis arrêtez-vous.

6. Enfin, repensez à cet aliment dont vous raffoliez et observez si un changement s'est opéré. Vous pouvez répéter cet exercice aussi souvent que vous le voulez, jusqu'à ce que vous ayez réussi à enrayer votre envie à l'égard de cet aliment ou de ce mets en particulier. Dorénavant, vous ne serez plus esclave de vos compulsions alimentaires.

FOIRE AUX QUESTIONS À PROPOS DE

« Des techniques pour réprimer vos rages de nourriture »

Q. Si je consomme beaucoup d'alcool, puis-je tout de même perdre du poids ?

Ce n'est pas ce que vous buvez qui vous fait grossir. Après tout, il y a plein d'alcooliques minces. Le problème qui découle d'une consommation excessive d'alcool, ce n'est pas la prise de poids, mais plutôt l'inconscience (et, attention, je ne parle pas ici de boire jusqu'à tomber dans les pommes).

La plupart des gens boivent pour engourdir une peine ou un mal de vivre, pour ne pas y faire face. Maintenant que vous avez entrepris de suivre mon programme, ce qui se passe dans votre vie est un processus de changement positif continu. Je vous suggère fortement d'éviter de boire pendant que vous mangez, et de manger pendant que vous buvez, du moins au début. Si vous choisissez de manger et de boire en même temps, assurez-vous de continuer à suivre les quatre règles d'or que je vous ai décrites.

(Si vous pensez avoir un problème de dépendance à l'alcool, je vous recommande fortement d'obtenir de l'aide auprès d'un professionnel spécialisé dans ce domaine.)

Q. Je faisais des progrès et tout allait bien, mais j'ai perdu le contrôle de mon alimentation la fin de semaine dernière. Vaut-il la peine que je continue à utiliser l'approche, ou serait-il préférable que j'attende d'avoir retrouvé la maîtrise de ma vie ?

Votre vie ne sera jamais en ordre tant que vous n'aurez pas la maîtrise de vous-même et chacun des outils présentés dans ce livre vous aidera à y parvenir. Bien sûr, vous devrez vous imposer une bonne dose de discipline pour respecter les quatre règles d'or, apprendre à gérer vos émotions et prendre l'habitude de bouger davantage. Mais plus vous vous y appliquerez, plus cette discipline vous deviendra facile, voire naturelle. D'ailleurs, mieux vous maîtriserez vos habitudes alimentaires, plus vous verrez des bienfaits toucher positivement d'autres aspects de votre vie. Les gens qui utilisent cette approche me disent souvent qu'ils se sentent moins stressés et plus heureux. Certains d'entre eux ont même observé une amélioration de leur situation financière.

Quant aux excès que vous avez faits dernièrement, pardonnez-vous et allez de l'avant. Ce genre d'écart est très commun. Durant la période de transition où vos vieilles habitudes se dissipent peu à peu, il est normal que des rages de nourriture surviennent à l'occasion. Mais maintenant que vous connaissez les techniques présentées dans ce chapitre, vous êtes en mesure de les chasser en un rien de temps !

7.

La dernière pièce de votre casse-tête alimentaire

Comment vous empêcher de saboter votre projet

Rappelez-vous que si vous voulez perdre du poids et ne plus jamais le reprendre, tout ce que vous avez à faire est de :

1. Manger quand vous avez faim.
2. Manger seulement ce que vous voulez et jamais ce que vous pensez devoir manger.
3. Manger avec conscience et savourer chaque bouchée.
4. Arrêter de manger dès que vous pensez être rassasié.

Alors, qu'est-ce qui pourrait vous empêcher de suivre ces quatre étapes si simples ?

Dans le cadre d'un atelier d'un jour sur la perte de poids, j'ai travaillé avec une femme que je prénommerai ici Sheila. Elle avait lu mon livre, écouté le CD d'hypnose et réussi à perdre cinq kilos dans les six premières semaines après avoir commencé à suivre mon approche. Mais ensuite, elle m'a dit que la vie avait « saboté son projet ». Elle avait vécu quelques événements difficiles : sa relation avec sa fille avait été tendue, sa voiture était tombée en panne et elle avait eu des ennuis de santé.

« La méthode a cessé de fonctionner », m'a-t-elle dit.

J'éprouvais de l'empathie pour les problèmes qu'elle avait rencontrés, mais je savais que ce dont elle avait vraiment besoin était d'entendre ceci :

> *« La vie se chargera toujours d'intervenir dans vos projets et il y aura toujours des événements qui réclameront votre attention. Mais si vous voulez vraiment perdre du poids, avoir davantage confiance en vous-même et vous*

sentir bien, vous devez vous souvenir que c'est vous qui avez le contrôle.

Peu importe ce qui survient dans votre vie, vous êtes la seule personne qui ouvre votre bouche, qui y engouffre de la nourriture quand vous n'avez pas vraiment faim, et c'est aussi vous qui laissez votre pensée divaguer au lieu de déguster les sensations et les saveurs délicieuses de vos repas du matin, du midi et du soir. »

Cette méthode ne cesse jamais de fonctionner.
C'est vous qui cessez de l'utiliser.

La bonne nouvelle est que vous pouvez recommencer à poursuivre votre objectif de perte de poids dès maintenant. Vous n'avez qu'à vous mettre à l'écoute de votre corps, à sentir à quel niveau votre appétit se situe sur l'échelle de la faim et à respecter chaque jour les quatre règles d'or.

À mon grand plaisir, Sheila est venue suivre un autre atelier six mois plus tard. Elle avait perdu 20 kilos et, surtout, elle rayonnait et affichait un fier sentiment d'accomplissement et un espoir renouvelé.

Quand je parle aux gens qui utilisent mon approche, 29 % d'entre eux déplorent le fait qu'elle ne fonctionne pas pour eux. Or, le problème est toujours le même : c'est parce qu'ils ne suivent pas mon approche assidûment.

Parfois, c'était dû à de la méfiance :

- « Je croyais que vous alliez m'empêcher de manger des gâteaux à la crème alors que j'en raffole. »
- « Je ne crois pas vraiment la partie de l'approche selon laquelle on peut maigrir en mangeant dès qu'on a faim ; je vais appliquer la méthode, mais je ne mangerai qu'un seul repas par jour. »
- « Je suis sûre que vous vous êtes trompé en disant qu'on peut manger n'importe quoi, pourvu qu'on en ait envie. Vous vouliez sûrement juste nous faire comprendre qu'on peut se gâter de temps à autre. Je vais m'en tenir aux poitrines de poulet sans peau et cuites au four, mais je mettrai un peu de crème fouettée sur mon gâteau-diète-faible-en-gras-et-sans-sucre-qui-goûte-le-carton. »
- « Se mettre à la diète n'est pas si difficile. Après tout, j'ai perdu du poids avant mon mariage en jeûnant. Je vais simplement me servir de cette méthode en complément de ma diète actuelle pour qu'elle fonctionne encore mieux. »

Si vous vous identifiez à l'une de ces réactions, le choix est simple : vous suivez ma méthode ***jusqu'au bout*** et perdez du poids facilement, ou vous jetez ce livre sur la pile des autres guides d'amaigrissement qui n'ont donné aucun résultat auparavant. Je ne connais aucune approche psychologique ni aucun médicament qui fonctionne pour tout le monde tout le temps. Mais je peux vous assurer que ma méthode ne fonctionnera pas si vous ne l'appliquez pas.

La réaction que je trouve particulièrement intéressante est celle des gens qui ne réalisent pas qu'ils dérogent aux règles d'or. Ils croient sincèrement être motivés à les suivre, mais, sans qu'ils s'en rendent compte, ils entretiennent des croyances qui sabotent leur démarche.

Un bon nombre de personnes savent qu'elles agissent de cette manière, mais ne savent pas comment faire autrement. Certaines d'entre elles me demandent : « Si je sabote mon projet de perdre du poids en entretenant inconsciemment des croyances, comment puis-je reconnaître ces croyances erronées ? »

La bonne nouvelle est que vous n'avez pas besoin de connaître vos pensées inconscientes pour les changer.

Créer un sentiment de plénitude

Avez-vous déjà entendu des gens parler d'une « partie » d'eux-mêmes ? Ils disent, par exemple : « Une partie de moi veut aller au cinéma, mais une autre veut rester à la maison », ou encore : « Une partie de moi a envie d'avancer mon travail, mais une autre préférerait prendre congé pour la journée ».

Vous n'êtes bien sûr pas réellement divisé en plusieurs parties. Il est simplement question d'aspects différents de votre personne qui sont temporairement en conflit. Et lorsque deux ou plusieurs « parties » de vous butent l'une contre l'autre, celle qui domine à ce moment-là déterminera votre comportement, vos réactions et vos choix.

On entend parfois des gens dire : « J'ai envie d'inviter cette personne à sortir, mais j'ai peur de me faire rejeter », ou : « Je me sens déchiré : je sais ce que je dois faire, mais je n'arrive pas à me motiver à le faire ». D'un côté, ces personnes ont envie d'agir, de vivre une relation, et d'un autre côté, elles veulent se protéger de la douleur que leur infligerait un rejet.

Qu'en est-il pour vous ? Y a-t-il un côté de vous qui veut vraiment perdre du poids et un autre qui n'en est pas convaincu ? Vous arrive-t-il de décider fermement que, cette fois-ci, vous irez jusqu'au bout, pour ensuite vous retrouver à combler votre faim émotionnelle avec des frites ?

Se comporter ainsi, c'est un peu comme conduire avec un pied sur l'accélérateur et l'autre sur le frein. Vous faites des progrès, mais vous n'appréciez pas le trajet.

Au fil des années, j'ai entendu une vaste gamme de raisons pour lesquelles certaines personnes qui tentent d'adopter mon approche se mettent des bâtons dans les roues. Quoique ces excuses ne soient pas logiques, elles font l'affaire de celles qui les invoquent :

- « J'ai échoué dans tellement de régimes auparavant que j'ai peur que cette approche-ci fonctionne et que je perde du poids, pour ensuite le reprendre et me sentir encore plus déçue. »
- « J'ai eu une aventure parce que j'avais alors une très belle apparence ; cette histoire a failli ruiner mon mariage. Si je perds du poids, j'ai peur que cela se reproduise. »
- « Cette approche semble trop simple pour être vraie. J'ai passé des années à essayer de maigrir et c'était très difficile. Si cette méthode fonctionne, je serai en colère d'avoir gaspillé autant de temps et d'efforts pour rien. »
- « J'ai souffert d'abus et c'était parce que j'étais mince et belle. J'ai peur d'être agressée de nouveau si je perds du poids. »

Même si ces raisons de se refuser à perdre un excès de poids ne semblent pas très logiques, elles trouvent tout leur sens auprès de quiconque comprend comment l'inconscient fonctionne. Votre inconscient n'est pas logique ; il est résolu, c'est-à-dire axé sur ses buts, et son but premier est d'assurer votre survie et votre sécurité, à n'importe quel prix.

Voici la chose la plus importante à retenir ici :

Chaque aspect de votre personne a une intention positive.

La partie de vous qui veut perdre du poids veut en réalité que vous ayez confiance en vous-même et soyez en santé. La partie de vous qui s'inquiète d'échouer et d'être déçue essaie en fait de vous protéger de la tristesse. Même si ces deux aspects de votre personne vous mènent dans des sens qui semblent opposés, elles n'en partagent pas moins la même intention positive primordiale : s'assurer que vous ayez ce qu'il y a de mieux pour vous. Lorsque vous appliquerez la technique présentée ci-après, ces deux « parties » de vous commenceront à travailler ensemble dans votre meilleur intérêt.

Comment créer une croyance et l'assimiler

1. Décelez les deux contradictions ou les deux positions les plus opposées dans votre esprit. Par exemple, parler de maigrir tout en souhaitant garder votre surplus de poids parce que vous croyez que cela vous protège. Peut-être avez-vous peur d'échouer et de vous sentir déçu, alors aussi bien saboter votre tentative tout de suite et vous débarrasser de l'idée de suivre cette méthode.

2. Placez vos mains devant vous, les paumes vers le haut. Imaginez que la partie de vous qui veut perdre du poids se trouve dans votre main droite et que la partie qui veut saboter votre projet se trouve dans votre main gauche.

3. Demandez à chacune des deux quel résultat positif elle peut vous offrir. Continuez à poser cette question jusqu'à vous compreniez qu'elles veulent finalement la même chose. Même si vous sentez que vous êtes juste en train d'inventer au fur et à mesure, le fait de suivre ce processus permettra de changer considérablement votre degré de confiance et de conviction.

Exemple :

Perte de poids = meilleure allure = meilleure santé
= SUCCÈS!

Sabotage = plus de sûreté = plus de réconfort
= SUCCÈS!

4. Imaginez qu'une tierce partie, plus puissante que les deux autres, se trouve maintenant entre vos deux mains. Elle possède les ressources combinées de votre perte de poids et de votre sabotage. Par exemple, pouvez-vous perdre du poids d'une manière qui vous permet de vous sentir en sûreté ?

5. Joignez vos mains le plus rapidement que vous le pouvez. Les deux parties opposées ne font plus qu'une avec la tierce partie, plus puissante.

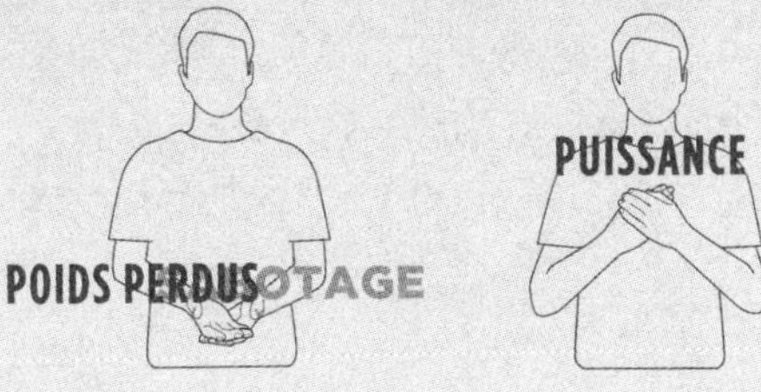

6. Amenez vos mains jointes à votre poitrine et imprégnez-vous de cette nouvelle image. En appliquant à répétition cette technique, vous verrez qu'il vous deviendra plus facile de résoudre chacun de vos conflits intérieurs. Lorsque toutes les parties de vous seront alignées et se dirigeront dans la même direction, vous serez concentré sur votre objectif comme jamais, quel qu'il soit !

(Cette technique est utilisée avec la permission écrite du Dr Richard Bandler.)

FOIRE AUX QUESTIONS À PROPOS DE

« Comment vous empêcher de saboter votre projet »

Q. **J'ai commencé à suivre votre approche il y a un peu plus d'une semaine et je n'ai pas encore perdu une seule livre. Y a-t-il quelque chose que je ne fais pas correctement ?**

Vous voulez dire : à part le fait que vous vous pesez avant la fin des deux premières semaines ?

Une vieille histoire raconte qu'un fermier avait donné à sa fille une pochette de semences pour qu'elle apprenne comment on sème et comment on doit s'occuper de ses plants pour les voir pousser puis récolter le fruit de son labeur. Or, même s'il lui avait confié certaines des graines les plus faciles à faire pousser, rien n'émergea du sol.

Un jour, le fermier aperçut sa fille déterrer des semences et les examiner dans la lumière du soleil. Il lui demanda aussitôt ce qu'elle faisait et elle répondit qu'elle voulait voir si les graines commençaient à germer. Ce qu'elle ne comprenait pas, c'est que chaque fois qu'elle déterrait une graine elle l'empêchait de pousser à son rythme naturel.

De même, si vous continuez à vous peser sans donner le temps à ces nouveaux concepts de germer dans votre inconscient, les seules choses à croître seront les dimensions de vos hanches, de vos cuisses et de votre ventre.

Q. Que dois-je faire si je commets un écart ?

C'est tout à fait normal de commettre des erreurs. Quand vous étiez un bébé, avez-vous réussi à marcher solidement dès vos premiers pas ? Quand vous avez appris à faire de la bicyclette, avez-vous vacillé au début et êtes-vous tombé à quelques reprises ? Les plus grands créateurs et bâtisseurs du monde ont-ils connu quelques ratés au long du parcours qui les a conduits au succès ?

Au cours des premières semaines, je présume que vous aurez un écart et qu'il vous arrivera de trop manger, ou d'oublier temporairement les règles d'or à la base de ma méthode. Ce n'est pas grave. Vous n'aurez qu'à continuer à les observer dès que vous aurez faim de nouveau. Certaines personnes profitent d'un de ces petits écarts pour se culpabiliser et se convaincre qu'elles viennent de rater un régime de plus. Elles se réconfortent alors en s'empiffrant ou en abandonnant la méthode, se résignant à être toujours grosses.

Pourtant, cette fois-ci, c'est différent, croyez-moi ! Remettez-vous tout simplement à respecter les règles d'or : mangez quand vous avez faim ; mangez uniquement ce dont vous avez envie ; savourez chaque bouchée ; et quand vous êtes rassasié, arrêtez !

Q. J'ai commencé à perdre du poids, mais je n'en perds plus. Que dois-je faire ?

1. Mangez-vous dès que vous avez faim ?
2. Mangez-vous ce qui vous tente vraiment ou ce que vous pensez devoir manger ?
3. Mangez-vous avec conscience, en savourant chaque bouchée ?
4. Arrêtez-vous de manger dès que vous pensez être rassasié (même s'il reste de la nourriture dans votre assiette) ?

Si vous pouvez répondre oui en toute honnêteté à chacune de ces questions, alors le secret est de ralentir encore davantage le rythme auquel vous mangez.

Voici comment cela fonctionne : votre estomac se dilate et se contracte selon la quantité de nourriture que vous ingérez. Auparavant, vous mangiez tellement vite que vous ne remarquiez pas les signaux que votre corps émettait pour vous indiquer que vous aviez assez mangé. En conséquence, vous aviez l'habitude de trop manger et d'augmenter la taille de votre estomac, créant ainsi le besoin de manger davantage pour vous sentir repu. Quand vous avez commencé à ralentir le rythme auquel vous mastiquez, vous êtes devenu conscient de ce que vous consommiez au moment de le déguster, ce qui vous a permis de constater plus rapidement que vous étiez satisfait. Vous avez mangé moins, votre estomac a rétréci et vous avez eu besoin de manger de moins en moins pour vous sentir rassasié.

Notre corps a une grande capacité d'adaptation. Si vous avez cessé de perdre du poids, alors que vous pensez avoir besoin d'en perdre encore, c'est peut-être parce que vous vous êtes si bien adapté à ce nouveau rythme plus lent que vous avez arrêté de remarquer les signaux de votre corps lorsque vous mangez. En ralentissant encore davantage, vous jouerez un tour à votre inconscient en le forçant à rester éveillé, pour pouvoir vous remettre à l'écoute des signaux de satiété de votre corps.

Le mot de la fin

Vous êtes maintenant arrivé à la fin de mon livre et au commencement d'une vie où vous maîtriserez votre corps et les choix que vous ferez pour le nourrir sainement (ou pas).

Tous les conseils qui vous ont été donnés dans ces pages visent à vous aider et ils vous aideront. Vous n'avez pas à y croire, vous n'avez qu'à les suivre.

Vous avez besoin d'une autre dose de motivation ? Relisez le chapitre trois et passez du temps à vous imaginer mince.

Vous avez envie de vous empiffrer ? Retournez consulter le chapitre quatre sur l'alimentation émotionnelle ou, si c'est urgent, passez directement aux techniques pour réprimer vos « rages » de nourriture.

La source de référence qui vous sera sans doute la plus importante est le CD hypnotique, que j'ai conçu pour vous aider à rendre faciles et agréables les changements que vous trouviez autrefois difficiles à réaliser. Écoutez-le chaque jour pour renforcer les changements positifs que vous avez déjà commencé à effectuer.

Souvenez-vous : ce sont les gestes simples que vous ferez au quotidien qui vous permettront d'être mince et de le rester tout au long de votre vie !

Au plaisir !

— Paul McKenna

Comment utiliser ce journal

La méthode d'amaigrissement que vous êtes sur le point d'entreprendre est celle qui connaît le plus grand taux de succès dans le monde. Si c'était une pilule, je pourrais en vendre la formule à une entreprise pharmaceutique et empocher un milliard de dollars. Mais ce n'est pas un remède, c'est une approche. Une approche si simple qu'au début la plupart des gens n'arrivent pas à croire qu'elle puisse réellement les aider à obtenir des résultats.

Ce qui est formidable, c'est que vous n'avez pas besoin d'y croire et d'y mettre de la volonté. Tout ce que vous avez à faire est de suivre mes conseils, et votre vie s'améliorera de manière considérable.

Selon l'*American Society of Training and Development*, la probabilité que vous réussissiez à atteindre un objectif passe de 40 % à 95 % si vous faites vérifier vos progrès.

Autrement dit, ce qui est mesuré est fait. Beaucoup de gens commencent à saisir le pouvoir d'un journal personnel. Le simple fait d'y consigner chaque jour vos progrès contribue grandement à vous garder centré sur votre objectif.

Au cours des sept prochains jours, à mesure où vous cocherez les cases et inscrirez quelques notes, vous renforcerez ces nouvelles habitudes qui changeront pour toujours votre rapport à la nourriture.

Jour 1 : Liste des choses que j'ai réussies aujourd'hui

		Cochez	Commentaires
1	J'ai mangé quand j'avais faim.	☐	______________
2	J'ai mangé ce dont j'avais vraiment envie.	☐	______________
3	J'ai mangé avec conscience.	☐	______________
4	J'ai arrêté de manger quand j'étais rassasié.	☐	______________
5	J'ai bu de l'eau.	☐	______________
6	J'ai fait bouger mon corps.	☐	______________
7	J'ai écouté le CD d'hypnose.	☐	______________
8	Je me suis prêté à l'exercice du miroir.	☐	______________

Une **CHOSE POSITIVE** que j'ai remarquée aujourd'hui...

____

____

____

J'ai **HÂTE À DEMAIN** pour...

____

____

Jour 2 : Liste des choses que j'ai réussies aujourd'hui

		Cochez	Commentaires
1	J'ai mangé quand j'avais faim.	☐	____________
2	J'ai mangé ce dont j'avais vraiment envie.	☐	____________
3	J'ai mangé avec conscience.	☐	____________
4	J'ai arrêté de manger quand j'étais rassasié.	☐	____________
5	J'ai bu de l'eau.	☐	____________
6	J'ai fait bouger mon corps.	☐	____________
7	J'ai écouté le CD d'hypnose.	☐	____________
8	Je me suis prêté à l'exercice du miroir.	☐	____________

Une **CHOSE POSITIVE** que j'ai remarquée aujourd'hui...

____

____

____

J'ai **HÂTE À DEMAIN** pour...

____

____

Jour 3 : Liste des choses que j'ai réussies aujourd'hui

		Cochez	Commentaires
1	J'ai mangé quand j'avais faim.	☐	________
2	J'ai mangé ce dont j'avais vraiment envie.	☐	________
3	J'ai mangé avec conscience.	☐	________
4	J'ai arrêté de manger quand j'étais rassasié.	☐	________
5	J'ai bu de l'eau.	☐	________
6	J'ai fait bouger mon corps.	☐	________
7	J'ai écouté le CD d'hypnose.	☐	________
8	Je me suis prêté à l'exercice du miroir.	☐	________

Une **CHOSE POSITIVE** que j'ai remarquée aujourd'hui...

____

____

____

J'ai **HÂTE À DEMAIN** pour...

____

____

Jour 4 : Liste des choses que j'ai réussies aujourd'hui

		Cochez	Commentaires
1	J'ai mangé quand j'avais faim.	☐	____________
2	J'ai mangé ce dont j'avais vraiment envie.	☐	____________
3	J'ai mangé avec conscience.	☐	____________
4	J'ai arrêté de manger quand j'étais rassasié.	☐	____________
5	J'ai bu de l'eau.	☐	____________
6	J'ai fait bouger mon corps.	☐	____________
7	J'ai écouté le CD d'hypnose.	☐	____________
8	Je me suis prêté à l'exercice du miroir.	☐	____________

Une **CHOSE POSITIVE** que j'ai remarquée aujourd'hui...

____

____

____

J'ai **HÂTE À DEMAIN** pour...

____

____

Jour 5 : Liste des choses que j'ai réussies aujourd'hui

		Cochez	Commentaires
1	J'ai mangé quand j'avais faim.	☐	____________
2	J'ai mangé ce dont j'avais vraiment envie.	☐	____________
3	J'ai mangé avec conscience.	☐	____________
4	J'ai arrêté de manger quand j'étais rassasié.	☐	____________
5	J'ai bu de l'eau.	☐	____________
6	J'ai fait bouger mon corps.	☐	____________
7	J'ai écouté le CD d'hypnose.	☐	____________
8	Je me suis prêté à l'exercice du miroir.	☐	____________

Une **CHOSE POSITIVE** que j'ai remarquée aujourd'hui...

____

____

____

J'ai **HÂTE À DEMAIN** pour...

____

____

Jour 6 : Liste des choses que j'ai réussies aujourd'hui

		Cochez	Commentaires
1	J'ai mangé quand j'avais faim.	☐	____________
2	J'ai mangé ce dont j'avais vraiment envie.	☐	____________
3	J'ai mangé avec conscience.	☐	____________
4	J'ai arrêté de manger quand j'étais rassasié.	☐	____________
5	J'ai bu de l'eau.	☐	____________
6	J'ai fait bouger mon corps.	☐	____________
7	J'ai écouté le CD d'hypnose.	☐	____________
8	Je me suis prêté à l'exercice du miroir.	☐	____________

Une **CHOSE POSITIVE** que j'ai remarquée aujourd'hui...

____

____

____

J'ai **HÂTE À DEMAIN** pour...

____

____

Jour 7 : Liste des choses que j'ai réussies aujourd'hui

		Cochez	Commentaires
1	J'ai mangé quand j'avais faim.	☐	________
2	J'ai mangé ce dont j'avais vraiment envie.	☐	________
3	J'ai mangé avec conscience.	☐	________
4	J'ai arrêté de manger quand j'étais rassasié.	☐	________
5	J'ai bu de l'eau.	☐	________
6	J'ai fait bouger mon corps.	☐	________
7	J'ai écouté le CD d'hypnose.	☐	________
8	Je me suis prêté à l'exercice du miroir.	☐	________

Une **CHOSE POSITIVE** que j'ai remarquée aujourd'hui...

____

____

____

J'ai **HÂTE À DEMAIN** pour...

____

____

Index des techniques

Index

Index

À propos de l'auteur

Paul McKenna, Ph. D., est l'auteur des livres *I Can Make You Thin* et *I Can Make You Sleep,* qui ont eu un franc succès en librairie. Un article paru dans le *Times* de Londres l'a reconnu comme « l'un des gourous contemporains de l'effort personnel ». Le docteur McKenna a aidé des millions de personnes à perdre du poids, à cesser de fumer, à surmonter l'insomnie, à enrayer le stress et à gagner une meilleure estime de soi. On a pu le voir souvent à la télé, notamment aux populaires émissions *Ellen DeGeneres Show, Rachael Ray, Good Morning America, The Early Show, The Dr. Oz Show, The Bonnie Hunt Show,* et *Fox and Friends.* Par ailleurs, des centaines de millions de téléspectateurs dans 42 pays regardent régulièrement ses propres émissions. La clientèle privée du docteur McKenna compte des vedettes du rock et du cinéma, des athlètes de calibre international et même des membres de familles royales. Aujourd'hui, c'est vous qu'il désire aider.

Pour obtenir de plus amples renseignements
sur Paul McKenna et ses techniques, consultez le site
www.mckenna.com.